P
67

O · 1798

Ⓒ

RELATION
ABRÉGÉE
D'UN VOYAGE
FAIT DANS L'INTERIEUR
DE L'AMÉRIQUE
MÉRIDIONALE.

Depuis la Côte de la Mer du Sud, jusqu'aux Côtes du Bréfil & de la Guiane,

en defcendant LA RIVIERE DES AMAZONES;

Lûe à l'Affemblée publique de l'Académie des Sciences, le 28. Avril 1745.

Par M. DE LA CONDAMINE, de la même Académie.

Avec une Carte du MARAGNON, ou de la Riviere des AMAZONES, levée par le même.

*Floriferis, ut apes, in faltibus omnia libant,
Omnia nos . . . . Lucret.*

A PARIS,

Chez la Veuve PISSOT, Quay de Conti, à la Croix d'Or.

M. DCC. XLV.

Avec Approbation & Privilége du Roi.

Extrait des Regiſtres de l'Académie Royale des Sciences, du 7. Novembre 1745.

JE certifie que dans le courant de la préſente année, M. De la Condamine à lû à l'Académie, *La Relation abrégée d'un Voyage, dans l'intérieur de l'Amérique Méridionale*, & que le Comité de l'Académie à jugé cet Ouvrage digne de l'impreſſion, & a conſenti que je lui en délivraſſe le préſent certificat. A Paris ce 7. Novembre, 1745.

GRAND-JEAN DE FOUCHY,
Sécrétaire perpétuel de l'Académie Royale des Sciences.

PREFACE.

PERSONNE n'ignore que depuis dix ans plusieurs Astronomes de l'Académie ont été envoyés par ordre du Roi sous l'Equateur & au Cercle Polaire, pour y mesurer les degrés terrestres, tandis que d'autres Académiciens faisoient en France les mêmes opérations.

Sous un autre regne, tous ces voyages avec l'appareil & le nombre d'Observateurs qu'ils exigeoient, n'auroient pû être que le fruit d'une longue paix.

a

PREFACE.

Sous celui de LOUIS XV. ils ont été conçus & heureusement exécutés pendant le cours de deux sanglantes guerres; & tandis que les armées du Roi voloient d'un bout à l'autre de l'Europe pour le secours de ses Alliés, ses Mathématiciens dispersés sur la surface de la Terre, travailloient sous les Zones Torride & Glacée, au progrès des Sciences, & à l'avantage commun des Nations.

Ils ont rapporté, pour fruit de leurs travaux, la décision d'une question célébre; décision dont la Géographie, l'Astronomie, la Physique générale & la Navigation partagent l'utilité. Ils ont éclairci un doute où la vie des hommes étoit intéressée.

PREFACE.

Ces motifs méritoient qu'on prît toutes les peines qu'il en a coûté pour venir à bout de cette entreprise : l'Académie ne l'avoit pas perdue de vûe depuis son établissement ; & elle vient d'y mettre la derniere main.

Sans insister sur les conséquences directes & évidentes qu'on peut tirer de la connoissance exacte des diamétres terrestres pour perfectionner la Géographie & l'Astronomie; le diamétre de l'Equateur reconnu plus long que celui qui traverse la Terre d'un Pole à l'autre, fournit un nouvel argument, pour ne pas dire une démonstration nouvelle de la révolution de la Terre sur son axe; révolution qui tient à tout le Systême céleste. Le travail des Académiciens, tant sur la mesure des degrés, que sur les Expériences du Pendule perfectionnées, & faites avec tant de précision à différentes Latitudes, répand un nouvelle lumiere sur la théorie de la Pesanteur, qui de nos jours a commencé à sortir des ténébres. Il enrichit la Physique générale, de nouveaux Problêmes jusqu'à présent insolubles, sur les quantités & les directions de la Gravité dans les différens lieux de la Terre. Enfin il nous met sur la voie de découvertes encore plus importantes, comme celle de la nature & des loix véritables de la Pesanteur uni-

PREFACE.

verselle, cette force qui anime les corps célestes, & qui régit tout dans l'Univers?

Les erreurs que la connoissance de la Figure de la Terre peut faire éviter aux Navigateurs, sont-elles moins des erreurs, parce qu'il en reste d'autres qui sont jusqu'ici sans reméde? Non sans doute. Plus l'art de la Navigation se perfectionnera, plus on sentira l'utilité de la détermination de la Figure de la Terre. Peut-être touchons-nous au moment où cette utilité sera sensiblement apperçûe des Marins. Mais en est-elle moins réelle, quand ce moment seroit encore éloigné? Il est du moins certain que plus on a eu de raisons de douter si la Terre étoit allongée ou applatie, plus il étoit important même pour les conséquences de pratique, de sçavoir à quoi s'en tenir par des mesures décisives.

Le premier projetté, & le dernier terminé des trois voyages qui ont eu dans ces derniers tems la mesure des degrés terrestres pour objet, est celui de l'Equateur, entrepris en 1735. par M. Godin, M. Bouguer, & par moi. Le public a été informé depuis plusieurs années * du succès des travaux des Académiciens qui ont opéré sous le Cercle Polaire & dans nos Climats; & M. Bouguer

* Voyez le Liv. de la fig. de la Terre de M. de Maupertuis, & celui de la Méridienne de M. Cassini de Thury.

PREFACE. vij
arrivé plûtôt que moi en France, a rendu compte à l'Assemblée publique de l'Académie, du 14. Novembre 1744. du résultat de nos Observations sous la Ligne Equinoctiale, & de l'accord qui se trouve entre ce résultat, celui du Nord & celui de France, dont chacun comparé à l'un des deux autres, prouve l'Applatissement de la Terre vers les Poles.

Un plus grand détail est réservé pour *l'histoire de notre Mesure de la Terre*; c'est-à-dire, de nos Observations Astronomiques & de nos opérations trigonométriques dans la province de Quito en l'Amérique Méridionale ; ouvrage dont nous sommes comptables à l'Académie & au Public, puisque c'est pour ce travail que nous avons été envoyés.

La question de la Figure de la Terre étant terminée, & la curiosité du public ralentie sur cet objet, je crus l'intéresser davantage à l'Assemblée publique du 26. Avril dernier, par une Relation abrégée de mon voyage de la Riviere des Amazones, que j'ai descendue depuis le lieu où elle commence à être navigable jusqu'à son embouchure, & que j'ai parcourue dans une étendue de plus de mille lieues; mais l'abondance des matieres ne m'ayant pas permis de me renfermer dans les bornes prescrites à ma lecture, qui se trouverent encore

PREFACE.

resserrées, je fus obligé de faire de nouveaux retranchements à mesure que je lisois, ce qui interrompit nécessairement l'ordre & la suite de mon premier Extrait. Je le fais paroître aujourd'hui sous la même forme que je lui avois donnée d'abord.

Pour ne point tromper l'attente de ceux qui ne cherchent dans une Relation de voyage que des événements extraordinaires, & des peintures agréables de mœurs étrangères & de coutumes inconnues, je dois les avertir qu'ils ne trouveront dans celle-ci que peu de quoi se satisfaire. Je n'y ai pas eu la liberté de promener le Lecteur indifféremment sur tous les objets propres à flatter sa curiosité.

PREFACE.

Un Journal historique que j'ai écrit assidûment pendant dix ans, m'auroit peut-être pû fournir les matériaux nécessaires pour cet effet; mais ce n'étoit ni le lieu, ni le moment de les mettre en œuvre. Il étoit question de la Carte que j'avois levée du cours d'un Fleuve qui traverse de vastes pays presqu'inconnus à nos Géographes. Il s'agissoit d'en donner une idée dans un Mémoire destiné à être lû à l'Académie des Sciences. Dans une pareille Relation où je devois moins songer à amuser qu'à instruire, tout ce qui n'eût pas appartenu à la Géographie, à l'Astronomie ou à la Physique, ne pouvoit manquer de paroître une digression qui m'éloignoit

PREFACE.

de mon objet ; mais aussi il n'étoit pas juste d'abuser de la patience du plus grand nombre de ceux qui composoient l'assemblée publique, par une liste de noms barbares de nations & de rivieres, & par un Journal de hauteurs du Soleil & d'Etoiles, de Latitudes & de Longitudes, de mesures, de routes, de distances, de fondes, de Variations de la Boussole, d'expériences du Baromètre, &c. C'étoit-là cependant le fonds le plus riche, & ce qui faisoit le plus grand mérite de ma Relation : c'étoit du moins la seule chose qui pût la distinguer d'un Voyage ordinaire. J'ai tâché de prendre un milieu entre ces deux extrémités. J'ai renvoyé tout le détail de la partie astronomique & géométrique aux Mémoires de l'Académie, ou au Recueil de nos Observations, qui en doit être une suite. Je n'en donne ici que les principaux résultats, & la position des lieux les plus remarquables, en suivant l'ordre de la narration. J'ai traité avec quelque étendue le point des Amazones Américaines, parcequ'il m'a semblé qu'on avoit droit de l'attendre de moi. J'ai mêlé aux remarques de Physique & d'Histoire Naturelle quelques faits historiques, quand ils ne m'ont pas trop écarté de mon sujet. Je ne pouvois, sans l'abandonner entiérement, éviter d'entrer dans

PREFACE. xiij
quelques difcuffions Géographiques, qui y étoient intimement liées. Telle eft celle de la communication de la Riviere des Amazones avec l'Orinoque, anciennement établie, enfuite niée, & enfin nouvellement conftatée par des témoignages décififs. Telles font les Recherches de la fituation du Village de l'Or & de la Borne plantée par Texeira, celle du Lac Parime, & de la Ville de Manoa, celle de la Riviere de Vincent Pinçon, &c. Chacun de ces articles m'eût pû fournir le fujet d'une Differtation. Je ne les ai traités qu'en paffant, fçachant combien peu de Lecteurs font curieux de ces fortes de détails, quoique utiles & intéref-

fants pour ceux qui aiment ce genre d'étude. La précaution que j'ai prife de mettre des titres en marge, donnera à chacun la facilité de choifir les matieres qui feront le plus de fon goût.

La petite Carte du cours de l'Amazone qui accompagne cette Relation, fuffira pour fixer l'imagination du Lecteur, en attendant que j'en puiffe donner une plus grande & plus détaillée dans nos Mémoires, où je rendrai compte des moyens que j'ai employés pour la conftruire ; mais cette derniere ne paroîtra que lorfque je lui aurai donné le degré de précifion que je puis lui procurer, en réduifant tous mes calculs de routes & de diftances, & les corrigeant

PREFACE.

par mes Observations Astronomiques. C'est ce que je ne pourrois faire qu'imparfaitement aujourd'hui, manquant encore d'observations de Longitude faites sous quelque Méridien connu, pour suppléer à celles qui n'ont pû être faites à Paris, en correspondance des miennes dans divers lieux de ma route.

J'ai joint au Cours de l'Amazone la Topographie de la Province de Quito, prise de la Carte des Triangles de notre Méridienne. J'ai tiré la description des Côtes de la même Province, la route de Quito à Lima & celle de Quito à Popayan, de mes voyages particuliers & de ceux de M. Bouguer. Le reste de la Carte a été extrait de di-

PREFACE.

vers Mémoires, Journaux & notes, qui m'ont été communiqués dans le pays par divers Miſſionnaires ou Voyageurs intelligens. M. Danville, Géographe du Roi, dont l'habileté eſt connue, m'a été d'un grand ſecours pour rédiger & combiner ces matériaux épars, & en enrichir ma Carte.

J'ai ſuivi les orthographes Eſpagnole & Portugaiſe à l'égard des noms de ces deux Langues, & même des noms Indiens des pays ſoumis à la domination de ces deux Couronnes. J'ai voulu par-là éviter l'inconvénient de les rendre méconnoiſſables dans les Auteurs originaux.

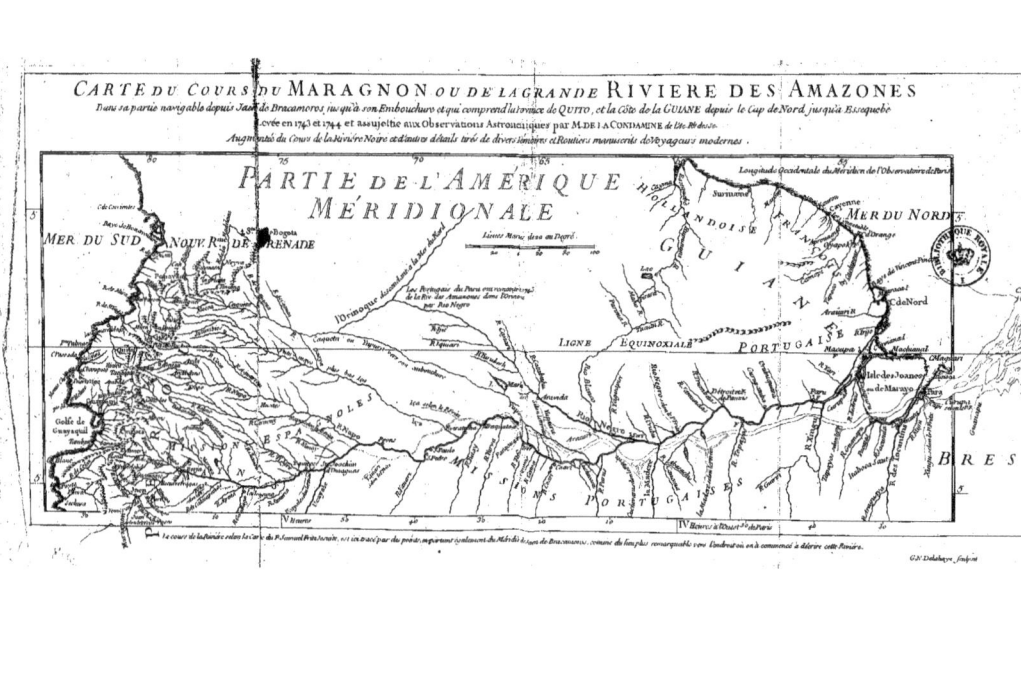

RELATION ABRÉGÉE D'UN VOYAGE FAIT DANS L'INTERIEUR DE L'AMÉRIQUE MERIDIONALE,

Depuis la Côte de la Mer du Sud, jusques aux Côtes du Brésil & de la Guiane, en descendant la RIVIERE DES AMAZONES ; lûe à la rentrée publique de l'Académie des Sciences, le 28. Avril 1745. par M. DE LA CONDAMINE, de la même Académie.

LA fin de Mars 1743, après avoir passé six mois dans un désert, à *Tarqui* près de *Cuenca* au Pérou, occupé nuit & jour à lutter contre un Ciel peu favorable à l'Astronomie, je reçus avis de M. *Bouguer*, qu'il avoit

A

Voyage de la Riviere

Mesure de la Terre.

fait auprès de *Quito*, à l'extrémité septentrionale de notre Méridienne, diverses observations d'une Etoile située entre nos deux Zéniths, plusieurs des mêmes nuits que je l'avois observée de mon côté à l'extrémité australe de la même ligne. Par ces observations simultanées, sur l'importance desquelles j'avois fort insisté, nous avions acquis l'avantage singulier de pouvoir conclure directement & sans aucune hypothèse, la vraie amplitude d'un Arc de trois degrés du Méridien, dont la longueur nous étoit connue géométriquement, & de tirer cette conclusion, sans avoir rien à craindre des variations, soit optiques, soit réelles, même inconnues dans les mouvemens de l'Etoile; puisqu'elle avoit été saisie dans le même instant par les deux observateurs aux deux extrémités de l'arc. M. *Bouguer* de retour en *Europe* quelques mois avant moi, a fait part de notre résultat à notre derniere Assemblée publique. Ce résultat s'accorde avec celui des opérations faites sous le Cercle Polaire.* Il ne s'accorde pas moins avec les dernieres, exécutées en France,** & toutes conspirent à faire de la terre un Sphéroïde applati vers les Poles. Partis au mois d'Avril 1735, un an avant les Académiciens envoyés vers le Nord, nous sommes arrivés sept ans trop tard, pour apprendre à l'Europe quelque chose de nouveau sur la *Figure de la Terre*. Depuis ce tems, ce sujet a été remanié par tant d'habiles mains, que j'espère qu'on me sçaura gré de renvoyer aux Mémoires de l'Académie le détail de mes observations particulieres sur

La Terre applatie vers les Poles.

---

* Par Mrs. de *Maupertuis*, *Clairaut*, *Camus* & le *Monnier*, de cette Académie, par M. l'Abbé *Outhier*, Correspondant de l'Académie, & M. *Celsius*, Professeur d'Astronomie à *Upsal*.

** Par Mrs. *Cassini de Thury*, & l'Abbé *de la Caille*.

cette matiere, en renonçant au droit trop bien acquis que j'aurois d'en entretenir aujourd'hui cette Assemblée.

Autres travaux des Académiciens.

Je ne m'arrêterai pas non plus à faire ici la relation des autres travaux académiques, indépendans de la mesure de la Terre, auxquels nous nous sommes livrés, tant en commun qu'en particulier, soit dans notre route d'Europe en Amérique, dans les endroits où nous avons séjourné, soit après notre arrivée dans la province de *Quito*, pendant les intervalles fréquens causés par des obstacles de toute espéce, qui n'ont que trop souvent retardé le progrès de nos opérations. Il me faudroit pour cela faire un Extrait d'un grand nombre de Mémoires envoyés à l'Académie depuis sept ou huit ans, dont les uns ne sont pas même arrivés en France, & dont la plupart des autres n'ont pas encore paru, même par extrait, dans nos Recueils. Je ne parlerai donc point ici de nos déterminations aſtronomiques ou géométriques de la Latitude & de la Longitude d'un grand nombre de lieux ; de l'obſervation des deux Solſtices de Décembre 1736, & de Juin 1737, & de *l'Obliquité de l'Ecliptique* qui en réſulte ; de nos expériences ſur le Thermométre & le Barométre, ſur la déclinaiſon & l'inclinaiſon de l'Aiguille aimantée, ſur la vîteſſe du Son, ſur l'Attraction Newtonienne, ſur la longueur du Pendule dans la Province de *Quito*, à diverſes élévations au-deſſus du niveau de la mer, ſur la dilatation & la condenſation des métaux, ni des deux voyages que j'ai faits, l'un en 1736, de la côte de la mer du Sud à *Quito*, en remontant la riviere des *Emeraudes*; l'autre en 1737, de *Quito* à *Lima*.

<small>Voyages particuliers dans les Terres.</small>

Enfin, je me dispenserai de faire ici l'histoire des deux Pyramides que j'ai fait ériger pour fixer à perpétuité les deux termes de la Base fondamentale de toutes nos mesures, & prévenir par-là les inconvénients qu'on n'a que trop éprouvés en France, faute d'une pareille précaution, quand on a voulu vérifier la Base de M. *Picard*. *L'Inscription projettée avant notre départ à l'Académie des Belles-Lettres, & depuis posée sur ces Pyramides*, avec les changemens que les circonstances du tems & du lieu ont exigées, *fut dénoncée par les deux Lieutenants de Vaisseau du Roi d'Espagne, nos adjoints, comme injurieuse à sa Majesté Catholique, & à la nation Espagnole.* J'ai soutenu pendant deux ans le procès intenté à moi personnellement à ce sujet, & je l'ai enfin gagné contradictoirement au Parlement même de Quito. Ce qui s'est passé en cette ren-

marginalia: Pyramides & inscriptions.

contre, & divers événemens intéressans de notre voyage, que la distance des lieux a fort defigurés dans les récits qui en sont parvenus ici, sont plutôt la matiere d'une relation historique que d'un Mémoire Académique. Je me bornerai dans celui-ci à ce qui concerne mon retour en Europe.

Pour multiplier les occasions d'observer, nous étions convenus depuis long-tems M. *Godin*, M. *Bouguer* & moi, de revenir par des routes différentes. Je me déterminai à en choisir une presque ignorée, & que j'étois sûr que personne ne m'envieroit; c'étoit celle de la *Riviere des Amazones*, qui traverse tout le continent de l'*Amérique Méridionale*, d'Occident en Orient, & qui passe avec raison pour la plus grande riviere du monde. Je me proposois de rendre ce voyage utile, en levant une Carte de ce fleuve, & en recueillant les observa-

Projet du retour par la Riviere des Amazones.

tions en tout genre que j'aurois occasion de faire dans un pays si peu connu. Celles qui concernent les mœurs & les coutumes singulieres des diverses nations qui habitent ses bords, seroient beaucoup plus propres à piquer la curiosité du grand nombre des Lecteurs; mais j'ai cru qu'en présence d'un public, à qui le langage des Physiciens & des Géométres est familier, il ne m'étoit guère permis de m'étendre sur des matieres étrangères à l'objet de cette Académie; cependant pour être mieux entendu, je ne puis me dispenser de donner quelques notions préliminaires au sujet de la Riviere dont il sera ici question, & de ses premiers navigateurs.

Voyage d'Orellana. On croit communément que le premier Européen qui a reconnu la Riviere des *Amazones*, fut *François d'Orellana*. Il s'embarqua en 1539. assez près de *Quito*, sur la riviere de

Coca, qui plus bas prend le nom de *Napo* ; de celle-ci il tomba dans une autre plus grande, & se laissant aller sans autre guide que le courant, il arriva au Cap de *Nord*, sur la côte de la Guiane, après une navigation de 1800. lieues, suivant son estime. Le même *Orellana* périt dix ans après, avec trois vaisseaux qui lui avoient été confiés en Espagne, sans avoir pu retrouver la vraie embouchure de sa riviere. La rencontre qu'il dit avoir faite en la descendant de quelques femmes armées, dont un Cacique Indien lui avoit dit de se défier, la fit nommer Riviere des *Amazones*. Quelques-uns lui ont donné le nom d'*Orellana* ; mais avant *Orellana* elle s'appelloit déja *Marañon*,* du nom d'un autre Capitaine Espagnol. Les Géographes qui ont fait de l'*Amazone* & du *Marañon* deux rivieres différentes, trompés comme *Laet*, par l'autorité de *Garci-*

<small>Divers noms de la Riviere des Amazones.</small>

* Prononcez *Maragnon*.

Iasso & d'Herrera, ignoroient sans doute que non-seulement les plus anciens Auteurs Espagnols * originaux appellent celle dont nous parlons *Marañon*, dès l'an 1513 : mais qu'*Orellana* luimême dit dans sa relation, qu'il rencontra les *Amazones* en descendant le *Marañon*, ce qui est sans réplique; & en effet, ce nom lui a toujours été conservé sans interruption jusqu'aujourd'hui, depuis plus de deux siécles chez les Espagnols, dans tout son cours, & dès sa source dans le haut Pérou. Cependant les Portugais établis depuis 1616. au *Para*, ville Episcopale, située vers l'embouchure la plus orientale de ce fleuve, ne le connoissent là que sous le nom de Riviere des *Amazones*, & plus haut sous celui de *Solimoës*, & ils ont transféré le nom de *Marañon*, ou

* Voyez Pierre Martyr, Fernand. de Enciso, Fernandez de Oviedo, Pedro Cieça, Augustin Zarate.

de *Maranhaon* dans leur idiome, à une Ville & à une Province entiere, ou *Capitainerie* voisine de celle du *Para*. J'userai indifféremment du nom de *Marañon*, ou de Riviere des *Amazones*.

En 1560, *Pedro de Ursoa*, envoyé par le Viceroi du *Pérou* pour chercher le fameux Lac d'or de *Parime*, & la ville *del Dorado*, qu'on croyoit voisins des bords de l'*Amazone*, se rendit dans ce fleuve par une riviere qui vient du côté du Sud, & dont je parlerai en son lieu. La fin d'*Ursoa* fut encore plus tragique que celle d'*Orellana* son prédécesseur. *Ursoa* périt par la main d'*Aguirre*, soldat rébelle, qui se fit déclarer Roi. Celui-ci descendit ensuite la riviere, & après une longue route, qui n'est pas encore bien éclaircie, ayant porté en tous lieux le meurtre & le brigandage, il finit par être écartelé dans l'Isle de la *Trinité*.

Voyage d'Ursoa.

Autres tentatives.

De pareils voyages ne donnoient pas de grandes lumieres sur le cours du fleuve; quelques Gouverneurs particuliers firent depuis, avec aussi peu de succès, différentes tentatives. Les Portugais furent plus heureux que les Espagnols.

Voyage de Texeira.

En 1638, un siécle après *Orellana*, *Pedro Texeira* envoyé par le Gouverneur du *Para*, à la tête d'un nombreux détachement de Portugais & d'Indiens, remonta l'*Amazone* jusqu'à l'embouchure du *Napo*, & ensuite le *Napo* même, qui le conduisit assez près de *Quito*, où il se rendit par terre avec quelques Portugais de sa troupe. Il fut bien reçu des Espagnols, les deux nations obéissant alors au même maître. Il retourna un an après au *Para* par le même chemin,

Voyage du P. d'Acuña.

accompagné des Peres d'*Acuña* & d'*Artieda*, Jésuites, nommés pour rendre compte à la Cour de Madrid des particularités du voyage. Ils eſtimerent le chemin depuis le hameau de *Napo*, lieu de leur embarquement, juſqu'au *Para*, de 1356 lieues Eſpagnoles, qui valent plus de 1500 lieues marines, & plus de 1900 de nos lieues communes. La relation de ce voyage fut imprimée à Madrid en 1640. La traduction françoiſe faite en 1682, par M. de *Gomberville*, eſt entre les mains de tout le monde.

La Carte très-défectueuſe du cours de ce fleuve par *Sanſon*, dreſſée ſur cette relation purement hiſtorique, a depuis été copiée par tous les Géographes, faute de nouveaux mémoires, & nous n'en avons pas eu de meilleure juſqu'en 1717. *Carte de la Riviere des Amazones par Sanſon.*

Alors parut pour la premiere fois en France, dans le douziéme tome des *Lettres édifiantes &c.* une copie de la Carte gravée à *Quito* en 1707, & dreſſée dès l'année 1690, par le Pere *Carte du Pere Fritz.*

Samuel Fritz, Jésuite Allemand, Missionnaire sur les bords du *Marañon*, qu'il avoit parcouru dans toute sa longueur. Par cette Carte, on apprit que le *Napo*, qui passoit encore pour la vraie source de l'*Amazone* du tems du voyage du Pere d'*Acuña*, n'étoit qu'une riviere subalterne, qui grossissoit de ses eaux celle des *Amazones*; & que celle-ci, sous le nom de *Marañon*, sortoit d'un Lac près de *Guanuco*, à trente lieues de *Lima*. Du reste le Pere *Fritz*, sans Pendule & sans Lunette, n'a pu déterminer aucun point en longitude. Il n'avoit qu'un petit demi-cercle de bois, de trois pouces de rayon pour les Latitudes; enfin il étoit malade quand il descendit le fleuve jusqu'au *Para*. Il ne faut que lire son Journal manuscrit dont j'ai une copie, * pour voir

---

* Elle a été tirée sur l'Original déposé dans les Archives du Collége de *Quito*, & m'a été communiquée par *Dom Joseph Pardo y Figueroa*, Marquis de

que plusieurs obstacles, alors & à son retour à sa Mission, ne lui permirent pas de faire les observations nécessaires pour rendre sa Carte exacte, sur-tout vers la partie inférieure du fleuve. Cette Carte n'a été accompagnée que de quelques notes sur la même feuille, sans presque aucun détail historique; ensorte qu'on ne sçait aujourd'hui en Europe de ce qui concerne les pays traversés par l'*Amazone*, que ce qu'on en avoit appris il y a plus d'un siécle, par la Relation du Pere *d'Acuña*. *

Le *Marañon* après être sorti du Lac, où il prend son origine vers onze degrés de Latitude Australe, court au Nord jusqu'à *Jaen de Bracamoros*, dans l'étendue de six degrés: de-là il prend son cours vers l'Est,

Cours du Marañon ou de la Riviere des Amazones.

Valleumbroso, aujourd'hui *Corregidor de Cusco*, bien connu dans la République des Lettres.

* L'ouvrage intitulé : *el Marañon ó Amazonas*. 1684. n'est qu'une compilation informe.

presque parallélement à la Ligne Equinoctiale jusqu'au Cap de *Nord*, où il entre dans l'Océan fous l'Equateur même, après avoir parcouru, depuis *Jaen*, où il commence à être navigable, 30 degrés en Longitude, ou 750 lieues communes évaluées par les détours à 1000, ou 1100 lieues. Il reçoit du côté du Nord & du côté du Sud un nombre prodigieux de rivieres, dont plusieurs ont cinq ou six cens lieues de cours, & dont quelques-unes ne sont pas inférieures au *Danube* & au *Nil*. Les bords du *Marañon* étoient encore peuplés, il y a un siécle, d'un grand nombre de nations, qui se sont retirées dans l'intérieur des terres, auffitôt qu'ils ont vû les Européens. On n'y rencontre aujourd'hui qu'un petit nombre de Bourgades de naturels du pays, récemment tirés de leurs bois, eux ou leurs peres, les uns par les Missionnaires

naires Espagnols du haut du fleuve, les autres par les Missionnaires *Portugais* établis dans la partie inférieure.

Il y a trois chemins qui conduisent de la province de *Quito* à celle de *Maynas*, qui donne son nom aux Missions Espagnoles des bords du *Marañon*. Ces trois chemins traversent cette fameuse chaîne de montagnes, couvertes de nége, & connues sous le nom de *Cordelieres des Andes*. Le premier presque sous la Ligne Equinoctiale, à l'Orient de *Quito*, passe par *Archidona*, & conduit au *Napo*. Ce fut le chemin que prit *Texeira*, à son retour de *Quito*, & celui du Pere d'*Acuña*. Le second est par une gorge au pied du Volcan de *Tonguragua*, à un degré & demi de Latitude Australe. Par cette route, on parvient à la province de *Canelos*, en traversant plusieurs torrens, dont la jonction fait la Riviere nommée *Pa-*

Chemins de Quito au Marañon.

Par Archidona.

Par Canelos.

B

staça, qui entre dans le *Marañon*, cent cinquante lieues plus haut que le *Napo*. Ces deux chemins sont ceux que prennent ordinairement les Missionnaires de *Quito*, les seuls Européens qui fréquentent ces contrées, dont la communication avec la province voisine de *Quito* est presque totalement interrompue par la *Cordeliere*, qui n'est praticable que pendant quelques mois de l'année. Le troisiéme chemin est par *Jaen de Bracamoros*, par cinq degrés & demi de Latitude Australe, où le *Marañon* commence à porter bateau. Ce dernier est le seul des trois où l'on puisse conduire des bêtes de charge & de monture, jusqu'au lieu de l'embarquement. Par les deux autres il y a plusieurs jours de marche à pied, & il faut tout faire porter sur les épaules des Indiens; cependant celui-ci est le moins

Par Jaen.

fréquenté des trois, tant à cauſe du long détour & des pluies continuelles, qui rendent les chemins preſque impraticables dans la plus belle ſaiſon de l'année, que par la difficulté & le danger d'un détroit célébre, appellé le *Pongo*, que l'on trouve en ſortant de la *Cordeliere*. Ce fut principalement pour connoître par moi-même ce paſſage, dont on ne parloit à *Quito* qu'avec une admiration mêlée de frayeur, & pour comprendre dans ma Carte toute l'étendue navigable du fleuve, que je choiſis cette derniere route.

Je partis de *Tarqui*, terme auſtral de notre Méridienne, à cinq lieues au Sud de *Cuenca* le 11. Mai 1743. Dans mon voyage de *Lima* en 1737. j'avois ſuivi le chemin ordinaire de *Cuenca* à *Loxa*; cette fois j'en pris un détourné, qui paſſe par *Zaruma*, pour placer ce lieu ſur ma Carte.

Départ de l'Auteur.

B ij

Je courus quelque risque en passant à gué la grande Riviere de *Los Jubones*, fort crue alors, & toujours très-rapide; mais par ce danger j'en évitai un plus grand *, qui m'attendoit sur le grand chemin de *Loxa*.

D'une montagne où je passai sur la route de *Zaruma*, on voit *Tumbez*, port de la mer du Sud, où les Espagnols firent leur premiere descente, au-delà de la Ligne, lors de la conquête du *Pérou*. C'est proprement de ce point que j'ai commencé à m'éloigner de la mer du Sud, pour traverser d'Occident en Orient, tout le continent de l'*Amérique Méridionale*.

---

* J'ai depuis été informé que des gens apostés par les auteurs ou complices de l'assassinat du feu sieur Seniergues notre Chirurgien, m'attendoient sur le grand chemin de *Cuenca* à *Loxa*. Ils sçavoient que j'emportois avec moi en Europe une copie authentique du Procès criminel que j'avois suivi contre eux en qualité d'exécuteur testamentaire du défunt, & ils craignoient avec raison que l'Arrêt de l'*Audience de Quito*, rendu contre toutes les régles, & plein de nullités, ne fût cassé au Conseil d'Espagne.

Zaruma situé par 3. degrés 40. minutes de Latitude Australe, donne son nom à une petite province à l'Occident de celle de *Loxa*. *Laet*, tout exact qu'il est, n'en fait aucune mention dans sa description de l'*Amérique*. Ce lieu a eu autrefois quelque célébrité par ses mines, aujourd'hui presque abandonnées. L'or en est de bas aloi, & seulement de quatorze carats; il est mêlé d'argent, & ne laisse pas d'être fort doux sous le marteau.

Zaruma.

Mines d'or abandonnées.

Je trouvai à *Zaruma* la hauteur du Baromètre de 24 pouces 2 lignes; on sçait que cette hauteur ne varie pas dans la Zone Torride comme dans nos climats. Nous avons éprouvé à *Quito* pendant des années entieres, que sa plus grande différence ne passe guère une ligne & demie. M. *Godin* a le premier remarqué que ses variations, qui sont à peu près d'une

Hauteur du Baromètre.

ligne en vingt-quatre heures, ont des alternatives affez régulieres, ce qui étant une fois connu, donne lieu de juger de la hauteur moyenne du Mercure, par une feule expérience. Toutes celles que nous avions faites fur les côtes de la mer du *Sud*, & celles que j'avois répétées dans mon voyage de *Lima*, m'avoient appris quelle étoit cette hauteur moyenne au niveau de la mer ; ainfi je pus conclure affez exactement que le terrain de *Zaruma* étoit élevé d'environ 700 toifes, ce qui n'eft pas la moitié de l'élévation du fol de *Quito*. Je me fuis fervi pour ce calcul, de la Table dreffée par M. *Bouguer*, fur une hypothèfe qui répond jufqu'ici mieux que toute autre, à nos expériences du Barométre, faites à diverfes hauteurs déterminées géométriquement. Je venois de *Tarqui*, pays affez froid, & je reffentis une grande chaleur à

Elévation du fol de Zaruma.

Remarques fur le Froid & le Chaud.

Zaruma, quoique je ne fuſſe guère moins élevé que ſur la montagne *Pelée de la Martinique*, où nous avions éprouvé un froid piquant, en venant d'un pays bas & chaud. Je ſuppoſe ici, que l'on eſt déja informé que pendant notre long ſéjour dans la province de *Quito*, ſous la Ligne Equinoctiale, nous avons conſtamment reconnu que l'élévation du ſol plus ou moins grande, décide preſque entiérement du degré de chaleur, & qu'il ne faut pas monter 2000 toiſes, pour ſe tranſporter d'un vallon brûlé des ardeurs du ſoleil, juſques au pied d'un amas de nége auſſi ancien que le monde, dont une montagne voiſine ſera couronnée.

Je rencontrai ſur ma route pluſieurs rivieres qu'il fallut paſſer ſur des ponts de corde, d'écorce d'arbres, ou de ces eſpéces d'oſiers qu'on appelle *Lianes* dans nos Iſles de

Ponts d'oſiers ou d'écorce d'arbres.

l'Amérique. Ces Lianes entrelassées en réseau, forment d'un bord à l'autre une galerie en l'air, suspendue à deux gros cables de la même matiere, dont les extrémités sont attachées sur chaque bord à des branches d'arbres. Le tout ensemble présente le même aspect qu'un filet de pêcheur, ou mieux encore, un *Hamac* Indien, qui seroit tendu d'un côté à l'autre de la riviere. Comme les mailles de ce réseau sont fort larges, & que le pied pourroit passer au travers, on tend quelques roseaux dans le fond de ce berceau renversé, pour servir de plancher. On voit bien que le poids seul de tout ce tissu, & plus encore le poids de celui qui y passe, doit faire prendre une grande courbure à toute la machine, & si l'on fait attention que le passant, quand il est au milieu de sa carriere, sur-tout lorsqu'il fait du vent, se trouye exposé à de grands balancemens, on jugera aisément qu'un pont de cette espéce, quelquefois de plus de trente toises de long, a quelque chose d'effrayant au premier coup d'œil : cependant les Indiens, qui ne sont rien moins qu'intrépides de leur naturel, y passent en courant, chargés de tout le bagage & des bâts des mules qu'on fait traverser la riviere à la nage, & ils rient de voir hésiter le voyageur, qui a bientôt honte de montrer moins de résolution qu'eux. Ce n'est pas encore là l'espéce de pont la plus singuliere ni la plus dangereuse qui soit en usage dans le pays ; leur description m'écarteroit trop de mon sujet.

Je répétai en passant à *Loxa*, les observations de Latitude & de la hauteur du Barométre, que j'y avois déja faites en 1737. dans mon voyage à *Lima*, & je trouvai les mêmes résul-

Loxa.

tats.*Loxa est moins élevé que *Quito*, d'environ 350 toises, & la chaleur y est sensiblement plus grande; les montagnes du voisinage ne sont que des collines, en comparaison de celles des environs de *Quito*. Elles ne laissent pas de servir de point de partage aux eaux de la Province, & le même côteau appellé *Caxanuma*, où croît le meilleur *Quinquina*, à deux lieues au Sud de *Loxa*, donne naissance à des rivieres qui prennent un cours opposé, les unes à l'Occident, qui se rendent dans la mer du *Sud*, les autres à l'Orient qui grossissent le *Marañon*.

<small>Plan de Quinquina transporté.</small> Le 3 de Juin, je passai tout le jour sur une de ces montagnes. Avec l'aide de deux Indiens des environs, que j'avois pris pour me guider, je n'y pus dans ma journée rassembler que huit à neuf jeunes plantes de *Quinqui-*

<small>Voyez Mém. de l'Académie 1738. pp. 226. & 228. *sur l'Arbre de Quinquina*.</small>

na, propres à être transportées. Je les fis mettre avec de la terre prise sur le lieu, dans une caisse de grandeur suffisante. Cette caisse fut portée avec précaution sur les épaules d'un homme qui marchoit à ma vûe, jusqu'au lieu où je me suis embarqué ; dans l'espérance de conserver au moins quelque pied, que je pourrois laisser en dépôt à *Cayenne*, s'il n'étoit pas en état d'être transporté actuellement en France pour le Jardin du Roi.

De *Loxa* à *Jaen* on traverse les derniers côteaux de la *Cordeliere*. Dans toute cette route, on marche presque toujours dans les bois, où il pleut, tous les jours, pendant onze & quelquefois douze mois de l'année, il n'est pas possible d'y rien sécher. Les paniers couverts de peaux de bœufs, qui sont les coffres du pays, se pourrissent, & exhalent une odeur insupportable. Je passai par deux villes

<small>Chemin de Loxa à Jaen.</small>

qui n'en ont plus que le nom, *Loyola* & *Valladolid*, l'une & l'autre opulentes & peuplées d'Espagnols il y a moins d'un siécle, aujourd'hui réduites à deux petits hameaux d'Indiens ou de *Métis*, & transférées de leur premiere situation. *Jaen* même, qui a encore le titre de ville, & qui devroit être le lieu de la résidence du Gouverneur, n'est plus aujourd'hui qu'un mauvais village. La même chose est arrivée à la plûpart des villes du *Pérou* éloignées de la mer, & fort détournées du grand chemin de *Carthagène* à *Lima*. Je rencontrai dans toute cette route beaucoup de rivieres, qu'il me fallut passer, les unes à gué, les autres sur des ponts de l'espéce dont j'ai parlé, d'autres sur des trains ou radeaux, qu'on fait sur le lieu même avec un bois dont la nature a pourvû toutes ces forêts. Ces rivieres réunies, en

<small>Loyola Valladolid.</small>

<small>Jaen.</small>

forment une grande & très-rapide, appellée *Chinchipé*, plus large que la *Seine* à Paris. Je la descendis en radeau pendant cinq lieues, jusqu'à *Tomependa*, village Indien à la vûe de *Jaen*, dans une situation agréable, à la rencontre de trois grandes rivieres. Le *Marañon* est celle du milieu. Il reçoit du côté du Sud la riviere de *Chachapoyas*, & du côté de l'Ouest, celle de *Chinchipé*, par où j'étois descendu. Jonction de trois grandes Rivieres.

Cette jonction des trois rivieres, est par cinq degrés trente minutes de latitude australe; & depuis ce point, le *Marañon*, malgré ses détours, va toujours en se rapprochant peu à peu de la ligne équinoctiale, jusqu'à son embouchure. Au-dessous du même point, le fleuve se rétrécit, & s'ouvre un passage entre deux montagnes, où la violence de son courant, les rochers qui le barrent, & plusieurs sauts, le rendent impraticable; & ce Sauts de *Marañon*.

qu'on appelle *le Port de Jaen*, le lieu où l'on est obligé d'aller s'embarquer, est à quatre journées de *Jaen*, sur la petite riviere de *Chuchunga*, par laquelle on descend dans le *Marañon*, au-dessous des Sauts. Cependant un Exprès que j'avois dépêché de *Tomependa*, avec des ordres du Gouverneur de *Jaen*, à son Lieutenant de *Sant-Iago*, pour m'envoyer un canot au Port, avoit franchi tous ces obstacles sur un petit radeau fait avec deux ou trois piéces de bois ; ce qui suffit à un Indien nud & excellent nageur, comme ils le sont tous. De *Jaen* au Port, je traversai le *Marañon*, & je me retrouvai plusieurs fois sur ses bords. Dans cet intervalle, ce fleuve reçoit du côté du Nord plusieurs torrents, qui, dans le tems des grandes pluies, charrient un sable mêlé de paillettes & de grains d'or. Les Indiens vont en recueillir alors, précisément la

[marginalia:] Exprès.

[marginalia:] Sable mêlé d'or.

quantité nécessaire pour payer leur tribut ou capitation, & seulement lorsqu'ils sont fort pressés d'y satisfaire. Le reste du tems, ils fouleroient l'or aux pieds, plutôt que de se donner la peine qu'il faut prendre pour le ramasser & le trier. Dans tout ce canton, les deux côtés du fleuve sont couverts de *Cacao* sauvage, qui n'est pas moins bon que le cultivé, & dont les Indiens ne font pas plus de cas que de l'or. *Cacao.*

La quatriéme journée depuis mon départ de *Jaen*, je passai vingt & une fois à gué le torrent de *Chuchunga*, & une derniere fois en bateau; les mules en approchant du gîte, se jetterent à la nage toutes chargées, mes instrumens, mes livres, mes papiers, tout fut mouillé. C'étoit le quatriéme accident de cette espéce que j'avois essuyé depuis que je voyageois dans les montagnes; mes naufrages n'ont   Torrent qu'on passe 21 fois.

cessé qu'à mon embarquement.

Port de Jaen. Je trouvai à *Chuchunga* un hameau de dix familles Indiennes, gouvernées par leur *Cacique*, qui entendoit à peu près autant de mots espagnols que j'en entendois de sa langue. J'avois été obligé de me défaire à *Jaen* de deux valets du pays, qui eussent pû me servir d'interprétes. La nécessité me fit trouver le moyen de m'en passer. Les Indiens de *Chuchunga* n'avoient que de petits canots, propres à leur usage, & celui que j'avois envoyé chercher à *Sant-Iago* par un Exprès, ne pouvoit arriver de quinze jours. J'engageai le *Cacique* à faire faire par ses gens un radeau ou une *Balse*; c'est le nom qu'on leur donne dans le pays, ainsi qu'au bois dont ils sont construits; & je le demandai assez grand pour me porter avec mes instrumens & mon bagage. Le tems nécessaire pour préparer la *Balse*, me donna

donna celui de sécher mes papiers & mes livres feuille à feuille, précaution aussi nécessaire qu'ennuyeuse. Le soleil ne se montroit que vers le midi : c'en étoit assez pour prendre hauteur. Je me trouvai par 5 degrés 21 minutes de Latitude Australe, & j'appris par le Baromètre, plus bas de 16 lignes qu'au bord de la mer, que 235 toises au-dessus de son niveau, il y a des rivieres navigables sans interruption. Je n'ai garde d'affirmer qu'elles ne puissent l'être à une plus grande hauteur ; je rapporte simplement la conséquence que j'ai tirée de mon expérience. Cependant il y a assez d'apparence que le point où commence à porter bateau une riviere, qui, à compter de ce lieu, a plus de mille lieues de cours, doit être plus élevé que celui où les rivieres ordinaires commencent à être navigables.

Le 4 Juillet après midi, je m'em-

Sa latitude, sa hauteur au dessus de la mer.

barquai dans un petit canot de deux rameurs, précédé de la *Balſe* eſcortée par tous les Indiens du hameau. Ils étoient dans l'eau juſqu'à la ceinture, pour la conduire à la main dans les pas dangereux, & la retenir entre les rochers & dans les petits ſauts, contre la violence du courant. Le lendemain matin, après bien des détours, je débouchai dans le *Marañon*, environ à 4 lieues vers le Nord, du lieu où je m'étois embarqué. C'eſt-là qu'il commence à être navigable. Il devenoit néceſſaire d'aggrandir & de fortifier le radeau, qui avoit été proportionné au lit de la petite riviere par où j'étois deſcendu. La nuit le fleuve crût de 10 pieds, & il fallut tranſporter à la hâte la feuillée qui me ſervoit d'abri, que les Indiens conſtruiſent avec une adreſſe & une promptitude admirables. Je fus retenu en ce lieu trois jours, par l'avis,

Embarquement de l'auteur.

Lieu où le Marañon commence à être navigable.

ou plutôt par l'ordre de mes guides, à qui j'étois obligé de m'en rapporter. Ils eurent tout le tems de préparer la *Balse*, & moi celui d'observer. Je mesurai géométriquement la largeur de la riviere : je la trouvai de 135 *Sa largeur.* toises, quoique déja diminuée de 15 à 20 toises. Plusieurs rivieres qu'elle reçoit au-dessus de *Jaen*, sont plus larges ; ce qui me fit juger qu'elle devoit être d'une grande profondeur: *Sa profon-* en effet, avec un cordeau de 28 bras- *deur.* ses, je ne rencontrai le fond qu'au tiers de sa largeur. Je ne pus sonder au milieu du lit, où la vîtesse d'un ca- *Sa vîtesse.* not abandonné au courant, étoit d'une toise & un quart par seconde. Le Barométre plus haut qu'au port de plus de quatre lignes, me fit voir que le niveau de l'eau avoit baissé d'environ 50 toises, depuis *Chuehunga,* d'où *Sa pente.* je n'avois mis que huit heures à descendre. J'observai au même lieu la

Latitude. latitude de cinq degrés une minute vers le Sud.

Détroit de Cumbinama. Le 8 je continuai ma route, & je passai le détroit de *Cumbinama*, dangereux par les pierres dont il est rempli. Il n'a guère plus de vingt toises de large. Le lendemain je rencontrai *Détroit de Escurrebragas & tournant d'eau.* celui d'*Escurrebragas*, qui est d'une autre espéce. Le fleuve arrêté par une côte de roche fort escarpée, qu'il heurte perpendiculairement, est obligé de se détourner subitement, en faisant un angle droit avec sa premiere direction. Le choc des eaux avec toute la vîtesse acquise par le retrécissement du canal, a creusé dans le roc une anse profonde, où les eaux du bord du fleuve sont retenues, écartées par la rapidité de celles du milieu. Mon radeau, sur lequel j'étois alors, poussé par le fil du courant dans cet enfoncement, n'y fit que tournoyer pendant une heure & quelques minutes. Les eaux, en circulant, me ramenoient vers le milieu du lit de la riviere, où la rencontre du grand courant formoit des vagues qui auroient infailliblement submergé un canot. La grandeur & la solidité du radeau, le mettoient en sûreté à cet égard : mais j'étois toujours repoussé par la violence du courant dans le fond de l'anse, d'où je ne sortis que par l'adresse de quatre Indiens, que j'avois gardés avec un petit canot, à tout événement. Ceux-ci ayant navigué le long du bord terre à terre, gravirent sur le rocher, d'où ils me jetterent, non sans peine, des lianes, qui sont les cordes du pays, avec lesquelles ils remorquerent la *Balse*, jusqu'à ce qu'ils l'eussent remise dans le fil de l'eau. Le même jour, je passai un troisiéme détroit, appellé *Guaracayo*, où le lit de la riviere resserré entre deux grands ro-

Détroit de Guaracayo.

chers, n'a pas trente toises de large; celui-ci n'est périlleux que dans les grandes crûes. Je rencontrai le même soir le grand canot de *Sant-Iago*, qui remontoit pour me venir prendre au port; mais il lui falloit encore six jours, pour atteindre seulement le lieu d'où j'étois parti le matin, & d'où j'étois descendu en dix heures.

<small>Riviere & ville ruinée de Sant-Iago.</small> J'arrivai le 10 à *Sant-Iago de las Montañas*, hameau aujourd'hui situé à l'embouchure de la riviere de même nom, & formé des débris d'une ville qui avoit donné le sien à la riviere. Ses bords sont habités par une <small>Xibaros, Indiens révoltés.</small> nation Indienne, appellée *Xibaros*, autrefois Chrétiens, & révoltés depuis un siécle contre les Espagnols, pour se soustraire au travail des mines d'or de leur pays : depuis ce tems, retirés dans des bois inaccessibles, ils s'y maintiennent dans l'indépendance, & empêchent la navigation de

cette riviere, par où l'on pourroit descendre commodément en moins de huit jours des environs de *Loxa* & de *Cuenca*, d'où j'étois parti par terre depuis deux mois. La crainte qu'inspirent ces Indiens, a obligé le reste des habitans de *Sant-Iago*, à changer deux fois de demeure, & depuis environ 40 ans, à descendre jusqu'à l'embouchure de la riviere dans le *Marañon*.

Au-dessous de *Sant-Iago*, on trouve *Borja*, ville à peu près de l'espéce des précédentes, quoique Capitale du Gouvernement de *Maynas*, qui comprend toutes les Missions Espagnoles des bords du *Marañon*. *Borja* n'est séparée de *Sant-Iago*, que par le fameux *Pongo de Manseriché*. *Pongo*, anciennement *Puncu* dans la langue du *Pérou*, signifie *Porte*. On donne ce nom en cette langue à tous les passages étroits, mais celui-ci le porte par excellence. C'est un

Borja Capitale des Missions.

Le Pongo de Manseriché, fameux détroit.

chemin que le *Marañon*, tournant à l'Eſt, après plus de deux cent lieues de cours au Nord, s'ouvre au milieu des montagnes de la *Cordeliere*, en ſe creuſant un lit entre deux murailles paralléles de rochers, coupés preſque à plomb. Il y a un peu plus d'un ſiécle que quelques ſoldats Eſpagnols de *Sant-Iago*, découvrirent ce paſſage, & ſe haſarderent à le franchir. Deux Miſſionnaires Jéſuites de la province de *Quito*, les ſuivirent de près, & fonderent en 1639 la Miſſion de *Maynas*, qui s'étend fort loin en deſcendant le fleuve. Arrivé à *Sant-Iago*, j'eſpérois paſſer à *Borja* le même jour, & il ne me falloit guère qu'une heure pour m'y rendre; mais malgré mes Exprès réitérés, & les ordres & recommandations dont nous avons toujours été bien pourvûs, & dont nous avons rarement vû l'exécution, les bois du grand radeau sur lequel je devois passer le *Pongo*, n'étoient pas encore coupés. Je me contentai de faire fortifier le mien par une nouvelle enceinte, dont je le fis encadrer, pour recevoir le premier effort des chocs, presque inévitables dans les détours, faute d'un gouvernail, dont les Indiens ne font point usage pour les radeaux. Quant à leurs canots, ils sont si légers, qu'ils les gouvernent avec la même *Pagaye* qui leur sert d'aviron.

Le lendemain de mon arrivée à *Sant-Iago*, il ne me fut pas possible de vaincre la résistance de mes mariniers, qui ne trouvoient pas encore la riviere assez basse, pour risquer le passage. Tout ce que je pus obtenir d'eux, fut de la traverser, pour aller attendre le moment favorable dans une petite anse voisine de l'entrée du *Pongo*, où la violence du courant est telle, que quoiqu'il n'y ait pas de fauts proprement dits, les eaux semblent se précipiter, & leur choc contre les rochers cause un bruit effroyable.

Chemin par terre. Les quatre Indiens du port de *Jaen*, qui m'avoient suivi jusques-là, moins curieux que moi de voir le *Pongo* de près, avoient déja pris les devants par terre, par un chemin de pied, ou plutôt par un escalier taillé dans le roc, pour aller m'attendre à *Borja*. Ils me laisserent cette nuit comme la précédente, seul avec un Négre esclave sur mon radeau. Je fus heureux de n'avoir pas voulu l'abandonner, & il m'y arriva une avanture qui n'a peut-être pas d'exemple. Le fleuve, dont la hauteur diminua de 25 pieds en 36 heures, conti- *Accident singulier.* nuoit à décroître à vûe d'œil. Au milieu de la nuit, l'éclat d'une grosse branche d'un arbre caché sous l'eau, s'étant engagé entre les piéces de bois de mon train, où il pénétroit de plus en plus, à mesure que celui-ci baissoit avec le niveau de l'eau, je me vis au moment, si je n'eusse pas été présent & éveillé, de rester avec le radeau accroché & suspendu en l'air à une branche d'arbre, où le moins qui me pouvoit arriver, étoit de perdre mes Journaux & papiers d'observations, fruit de huit ans de travail. Je trouvai heureusement enfin moyen de dégager le radeau, & de le remettre à flot.

Je profitai de mon séjour forcé à *Sant-Iago*, pour mesurer géométriquement la largeur des deux rivieres, & je pris aussi les angles nécessaires pour dresser une Carte topographique du *Pongo*. Carte Topographique du Pongo.

Le 12 Juillet à midi, je fis détacher le radeau & pousser au large; je fus bientôt entraîné au courant de l'eau, dans une galerie étroite & pro- Passage du Pongo.

fonde, taillée en talus dans le roc, & en quelques endroits à plomb; en moins d'une heure, je me trouvai transporté à *Borja*, trois lieues au-dessous de *Sant-Iago*, suivant l'estime ordinaire. Cependant la *Balse* qui ne tiroit pas un demi-pied d'eau, & qui par le volume de sa charge, présentoit à la résistance de l'air une surface sept à huit fois plus grande qu'au courant de l'eau, ne pouvoit pas prendre toute la vîtesse du courant, & cette vîtesse elle-même diminue considérablement, à mesure que le lit de la riviere s'élargit en approchant de *Borja*. Dans l'endroit le plus étroit je jugeai que nous faisions deux toises par seconde, par comparaison à d'autres vîtesses exactement mesurées.

Ses dimensions.   Le canal du *Pongo*, creusé des mains de la nature, commence une petite demi-lieue au-dessous de *Sant-*

Iago, & va en se retréciffant de plus en plus; enforte que de 250 toifes au moins qu'il a au-deffous de la rencontre des deux rivieres, il parvient à n'avoir guère que 25 toifes dans fon plus étroit. Je fçais qu'on n'a jufques ici donné de largeur au *Pongo* que 25 vares efpagnoles, qui ne font guère que 10 de nos toifes, & qu'on dit communément qu'on paffe de *Sant-Iago* à *Borja* en un quart d'heure. Pour moi, j'ai remarqué que dans le pas le plus étroit, j'étois au moins à trois longueurs de mon radeau de chaque bord. J'ai compté à ma montre 57 minutes depuis l'entrée du détroit jufques à *Borja*, & tout combiné, je trouve les mefures telles que je viens de les énoncer, & quelque effort que je faffe pour me rapprocher de l'opinion reçue, j'ai peine à trouver deux lieues de 20 au degré de *Sant-Iago* à *Borja*, au lieu de trois que l'on compte ordinairement.

Choc du Radeau contre les rochers.

Je heurtai deux ou trois fois rudement dans les détours contre les rochers; il y auroit de quoi s'effrayer, si on n'étoit pas prévenu. Un canot s'y briseroit mille fois & sans ressource, & on me montra en passant le lieu où périt un Gouverneur de *Maynas*: mais les piéces d'un radeau n'étant ni clouées ni enchevêtrées, la flexibilité des lianes qui les assemblent, fait l'effet d'un ressort qui amortiroit le coup, & on ne prend aucune précaution contre ces chocs à l'égard des radeaux. Le plus grand danger pour ceux-ci, est d'être emportés dans un tournant d'eau hors du courant, comme il m'étoit arrivé plus haut. Il n'y avoit pas un an qu'un Missionnaire, qui y fut entraîné, y resta deux jours sans provisions, & y seroit mort de faim, si une crûe subite du fleuve ne l'eût enfin remis dans le fil de l'eau.

On ne defcend en canot le *Pongo*, que quand les eaux font fuffifamment baffes, & que le canot peut gouverner, fans être trop maîtrifé du courant. Quand elles font au plus bas, les canots peuvent auffi remonter avec beaucoup de difficulté, mais jamais les *Balfes*.

Arrivé à *Borja*, je me trouvois dans un nouveau monde, éloigné de tout commerce humain, fur une mer d'eau douce, au milieu d'un labyrinthe de lacs, de rivieres & de canaux, qui pénétrent en tout fens une forêt immenfe, qu'eux feuls rendent acceffible. Je rencontrois de nouvelles plantes, de nouveaux animaux, de nouveaux hommes. Mes yeux accoutumés depuis fept ans à voir des montagnes fe perdre dans les nues, ne pouvoient fe laffer de faire le tour de l'horifon, fans autre obftacle que les feules collines du *Pongo*, qui alloient

Defcription de la Province de Maynas.

bientôt disparoître à ma vûe. A cette foule d'objets variés, qui diversifient les campagnes cultivées des environs de *Quito*, succédoit l'aspect le plus uniforme ; de l'eau, de la verdure, & rien de plus. On foule la terre aux pieds sans la voir : elle est si couverte d'herbes touffues, de plantes & de broussailles, qu'il faudroit un assez long travail pour en découvrir l'espace d'un pied. Au-dessous de *Borja*, & 4 à 500 lieues au-delà en descendant le fleuve, une pierre, un simple caillou, est aussi rare que le seroit un diamant. Les Sauvages de ces contrées, ne sçavent ce que c'est qu'une pierre, n'en ont pas même l'idée. C'est un spectacle divertissant de voir quelques-uns d'entr'eux, quand ils viennent à *Borja*, & qu'ils en rencontrent pour la premiere fois, témoigner leur admiration par leurs signes, s'empresser à les

Rareté des pierres.

des Amazones.

les ramaſſer, s'en charger comme d'une marchandiſe précieuſe, & bientôt après les mépriſer & les jetter, quand ils s'apperçoivent qu'elles ſont ſi communes.

Avant que de paſſer outre, je crois devoir dire un mot du génie & du caractère des originaires de l'*Amérique Méridionale*, qu'on appelle vulgairement, quoiqu'improprement, *Indiens*. Il n'eſt pas ici queſtion des Créols Eſpagnols ou Portugais, ni des diverſes eſpéces d'hommes produites par le mêlange des *Blancs d'Europe*, des *Noirs d'Afrique* & des *Rouges d'Amérique*, depuis que les Européens y ſont entrés, & y ont introduit des Négres de *Guinée*. {Indiens Américains}

Tous les anciens Naturels du pays ſont baſanés & de couleur rougeâtre, plus ou moins claire; la diverſité de la nuance a vraiſemblablement pour cauſe principale la différente tempé- {Leur couleur.}

D

rature de l'air des pays qu'ils habitent, variée depuis la plus grande chaleur de la Zone Torride, jufqu'au froid caufé par le voifinage de la nége.

<small>Différence de mœurs.</small> Cette différence de climats, celle des pays de bois, de plaines, de montagnes & de rivieres; la variété des alimens, le peu de commerce qu'ont entr'elles les nations voifines, & mille autres caufes doivent néceffairement avoir introduit des différences dans les occupations & dans les coutumes de ces peuples. D'ailleurs on conçoit bien qu'une nation devenue chrétienne & foumife depuis un ou deux fiécles à la domination efpagnole ou portugaife, doit infailliblement avoir pris quelque chofe des mœurs de fes conquérans, & par conféquent qu'un Indien habitant d'une ville ou d'un village du *Pérou*, par exemple, doit fe dif-

tinguer d'un Sauvage de l'intérieur du Continent, & même d'un nouvel habitant des Missions établies sur les bords du *Marañon*. Il faudroit donc, pour donner une idée exacte des Américains, presqu'autant de descriptions qu'il y a de nations parmi eux; cependant, comme toutes les nations d'Europe, quoique différentes entre elles en langues, mœurs & coutumes, ne laisseroient pas d'avoir quelque chose de commun aux yeux d'un Asiatique qui les examineroit avec attention; aussi tous les Indiens Américains des différentes contrées que j'ai eu occasion de voir dans le cours de mon voyage, m'ont paru avoir certains traits de ressemblance les uns avec les autres; & (à quelques nuances près, qu'il n'est guère permis de saisir à un voyageur qui ne voit les choses qu'en passant) j'ai cru reconnoître dans tous un même fonds de caractère.

L'infenfibilité en fait la bafe. Je laiffe à décider fi on la doit honorer du nom d'apathie, ou l'avilir par celui de ftupidité. Elle naît fans doute du petit nombre de leurs idées, qui ne s'étend pas au-delà de leurs befoins. Gloutons jufqu'à la voracité, quand ils ont de quoi fe fatisfaire; fobres, quand la néceffité les y oblige, jufqu'à fe paffer de tout, fans paroître rien defirer; pufillanimes & poltrons à l'excès, fi l'ivreffe ne les tranfporte pas; ennemis du travail, indifférens à tout motif de gloire, d'honneur ou de reconnoiffance; uniquement occupés de l'objet préfent, & toujours déterminés par lui; fans inquiétude pour l'avenir; incapables de prévoyance & de réflexion; fe livrant, quand rien ne les gêne, à une joie puérile, qu'ils manifeftent par des fauts & des éclats de rire immodérés, fans objet & fans deffein; ils paffent leur vie fans penser, & ils vieilliſſent ſans ſortir de l'enfance, dont ils conſervent tous les défauts.

Si ces reproches ne regardoient que les Indiens de quelques provinces du *Pérou*, auſquels il ne manque que le nom d'eſclaves, on pourroit croire que cette eſpéce d'abrutiſſement naît de la ſervile dépendance où ils vivent ; l'exemple des Grecs modernes prouvant aſſez combien l'eſclavage eſt propre à dégrader les hommes. Mais les Indiens des Miſſions & les Sauvages qui jouiſſent de leur liberté, étant pour le moins auſſi bornés, pour ne pas dire auſſi ſtupides que les autres, on ne peut voir ſans humiliation combien l'homme abandonné à la ſimple nature, privé d'éducation & de ſociété, diffère peu de la bête.

Toutes les langues de l'*Amérique Méridionale* dont j'ai eu quelque no-

Langues d'Amérique, toutes pauvres.

tion, sont fort pauvres; plusieurs sont énergiques & susceptibles d'élégance, & singulierement l'ancienne langue du *Pérou*; mais toutes manquent de termes pour exprimer les idées abstraites & universelles; preuve évidente du peu de progrès qu'ont fait les esprits de ces peuples. *Tems, durée, espace, être, substance, matiere, corps;* tous ces mots & beaucoup d'autres n'ont point d'équivalent dans leurs langues : non seulement les noms des êtres métaphysiques, mais ceux des êtres moraux ne peuvent se rendre chez eux qu'imparfaitement & par de longues périphrases. Il n'y a pas de mot propre qui réponde exactement à ceux de *vertu, justice, liberté, reconnoissance, ingratitude;* tout cela paroît fort difficile à concilier avec ce que *Garcilasso* rapporte de la police, de l'industrie, des arts, du gouvernement & du génie des anciens *Péruviens*. Si l'amour de la patrie ne lui a pas fait illusion, il faut convenir que ces peuples ont bien dégénéré de leurs ancêtres. Quant aux autres nations de l'*Amérique Australe*, on ignore qu'elles soient jamais sorties de la barbarie.

J'ai dressé un vocabulaire des mots le plus d'usage de diverses langues Indiennes. La comparaison de ces mots avec ceux qui ont la même signification en d'autres langues de l'intérieur des terres, peut non-seulement servir à prouver les diverses transmigrations de ces peuples d'une extrémité à l'autre de ce vaste continent; mais cette même comparaison, quand elle se pourra faire avec diverses langues d'*Afrique*, d'*Europe* & des *Indes Orientales*, est peut-être le seul moyen de découvrir l'origine des *Américains*. Une conformité de langue bien avérée dé-

Mots Hébreux communs à plusieurs Langues d'Amérique.

cideroit sans doute la question. Le mot *Abba*, *Baba* ou *Papa*, & celui de *Mama*, qui des anciennes langues d'*Orient*, semblent avoir passé, avec de légers changemens, dans la plûpart de celles d'*Europe*, sont communs à un grand nombre de nations d'*Amérique*, dont le langage est d'ailleurs très-différent. Si l'on regarde ces mots, comme les premiers sons que les enfans peuvent articuler, & par conséquent comme ceux qui ont dû par tout pays être adoptés préférablement par les parents qui les entendoient prononcer, pour les faire servir de signes aux idées de pere & de mere ; il restera à sçavoir pourquoi dans toutes les langues d'*Amérique*, où ces mots se rencontrent, leur signification s'est conservée sans se croiser ? Par quel hasard dans la langue *Omagua*, par exemple, au centre du Continent ou dans quelqu'autre pareille, où les mots de *Papa* & de *Mama* sont en usage, il n'est pas arrivé quelquefois que *Papa* signifiât mere, & *Mama* pere, mais qu'on y observe constamment le contraire comme dans les langues d'Orient & d'Europe ? Il y a beaucoup de vraisemblance qu'il se trouveroit parmi les naturels d'Amérique d'autres termes, dont le rapport bien constaté avec ceux d'une autre langue de l'ancien monde, pourroit répandre quelque jour sur une question jusqu'ici abandonnée aux pures conjectures.

J'étois attendu à *Borja* par le R. P. *Magnin* du canton de *Fribourg*, Missionnaire Jésuite, en qui je trouvai toutes les attentions & prévenances que j'aurois pû espérer d'un compatriote & d'un ami. Je n'eus pas besoin auprès de lui, ni depuis auprès des autres Missionnaires de son Ordre, des recommandations de leurs amis de *Quito*, & moins encore des passeports & des ordres de la Cour d'*Espagne* dont j'étois porteur. Outre plusieurs curiosités d'histoire naturelle, ce Pere me fit présent d'une Carte qu'il avoit faite des Missions Espagnoles de *Maynas*, & d'une description des mœurs & coutumes des nations voisines. Pendant mon séjour à *Cayenne*, j'ai aidé M. Artur, Médecin du Roi & Conseiller au Conseil supérieur de cette Colonie, à traduire cet ouvrage d'espagnol en françois; il est digne de la curiosité du public.

Carte des Missions Espagnoles.

J'observai à *Borja* la Latitude de 4 degrés 28 minutes vers le Sud.

Latitude de Borja.

J'en partis le 14. Juillet avec le même Pere qui voulut bien m'accompagner jusqu'à la *Laguna*. Nous laissâmes le 15. du côté du Nord, l'embouchure du *Morona*, qui descend du Volcan de *Sángay*, dont

Bouche du Morona.

des Amazones. 59

les cendres traversant les provinces *Macas* & de *Quito*, volent quelquefois au-delà de *Guayaquil*. Plus loin, & du même côté nous rencontrâmes les trois bouches de la riviere de *Paſtaça*, dont j'ai parlé plus haut. du Paſtaça. Elle étoit alors ſi fort débordée, qu'on ne pouvoit mettre pied à terre nulle part, ce qui m'empêcha de meſurer la largeur de la bouche principale que j'eſtimai de 400 toiſes, & preſqu'auſſi large que le *Marañon*. J'obſervai un peu au-delà le même ſoir & le lendemain matin, le Soleil à ſon coucher & à ſon lever, & je trouvai comme à *Quito* 8 degrés $\frac{1}{2}$ de déclinaiſon du Nord à l'Eſt. De deux Amplitudes ainſi obſervées conſécutivement le ſoir & le matin, on peut conclure la déclinaiſon de l'Aiguille Aimantée, ſans connoître celle du Soleil; il ſuffit d'avoir égard au changement du Soleil en déclinaiſon dans l'intervalle

Remarque ſur la *variation* de l'aiguille aimantée.

des deux observations, s'il est assez considérable pour pouvoir être apperçû avec la Boussole.

La Laguna principale Mission espagnole.

Le 19. nous arrivâmes à la *Laguna*, où m'attendoit depuis six semaines *Don Pedro Maldonado* Gouverneur de la province *d'Esmeraldas*, à qui je dois le témoignage public qu'il s'est distingué, ainsi que ses deux freres & tous les siens, dans toutes les occasions, entre ceux de qui notre détachement académique a reçû de bons offices, pendant notre long séjour dans la province de *Quito*. Je l'avois trouvé disposé à prendre, comme moi, pour passer en *Europe*, la route de la riviere des *Amazones*. Il avoit suivi le second des trois chemins dont j'ai parlé, en descendant le *Pastaça*, & il étoit arrivé, après bien des fatigues & des dangers, beaucoup plutôt que moi à notre rendez-vous de la *Laguna*, quoique nous fussions partis à peu près dans le même-tems, l'un de *Quito*, l'autre de *Cuenca* ; il avoit fait en route avec la Boussole & un *Gnomon* portatif, les observations nécessaires pour décrire le cours de *Pastaça*, à quoi je l'avois exhorté, en lui en facilitant les moyens.

La *Laguna* est un gros village de plus de mille Indiens portant armes, & rassemblés de diverses nations. C'est la principale Mission de toutes celles de *Maynas*. Cette Bourgade est située dans un terrain sec & élevé, ce qui est difficile à rencontrer dans ces pays, & sur le bord d'un grand lac, à 5. lieues au-dessus de l'embouchure du *Guallaga*, qui a sa source comme le *Marañon*, dans les montagnes à l'Est de *Lima*. C'est par le *Guallaga*, qu'étoit descendu dans l'*Amazone Pedro de Ursoa* dont nous

Guallaga, riviere.

avons parlé. La mémoire de son expédition & celle des événemens qui furent cause de sa funeste avanture se conservent encore parmi les habitans de *Lamas* petit Bourg voisin du port où il s'embarqua. La largeur du *Guallaga* à sa rencontre avec le *Marañon*, pouvoit être alors de 250 toises, ou quatre fois aussi large que la *Seine* au *Pont royal*. Ce n'est qu'une riviere très médiocre en comparaison de la plûpart de celles dont je ferai mention dans la suite.

Observations. Je fis à la *Laguna* plusieurs observations de latitude par le Soleil & par les Etoiles, & je la déterminai de 5 degrés 14 minutes. J'y prolongeai mon séjour de 24 heures, pour essayer d'y observer la longitude ; mais je perdis de vûe *Jupiter* dans les vapeurs de l'horison, avant que de voir sortir de l'ombre son premier Satellite.

Nous partîmes le 23. de la *La-*   Canots In-
guna M. *Maldonado* & moi dans diens.
deux canots de 42. à 44. piés de
long & feulement de trois de large. Ils étoient formés chacun d'un
feul tronc d'arbre. Les rameurs y
font placés depuis la proue jufques
vers le milieu, le voyageur & fon
équipage font à la pouppe; & à l'abri
de la pluie fous un long toît arrondi,
fait d'un tiffu de feuilles de palmiers
entrelaffées, que les Indiens prépa-
rent avec art. Ce berceau eft inter-
rompu & coupé dans fon milieu,
pour donner du jour au canot, &
pour y entrer commodément; un toît
volant de même matiere qui gliffe
fur le toît fixe fert à couvrir, quand
on veut, cette ouverture, qui fert
tout à la fois de porte & de fenêtre.

Nous réfolûmes de marcher jour
& nuit, pour atteindre s'il étoit pof-
fible, les Brigantins ou grands ca-

nots que les Missionnaires Portugais dépêchent tous les ans au *Para*, pour aller chercher leurs provisions. Nos Indiens ramoient le jour, deux seulement faisoient sentinelle pendant la nuit, l'un à proue, l'autre à pouppe, pour conduire le canot dans le fil du courant.

Précautions pour lever la nouvelle Carte du fleuve.

En m'engageant à lever la Carte du cours de l'*Amazone*, je m'étois ménagé une ressource contre l'inaction que m'eût permis une navigation tranquille, que le défaut de variété dans des objets, même nouveaux, eût pû rendre ennuyeuse. Il me falloit être dans une attention continuelle pour observer la Boussole, & la montre à la main, les changemens de direction du cours du fleuve, & le tems que nous employions d'un détour à l'autre, pour examiner les différentes largeurs de son lit & celles des embouchures des

rivieres

rivieres qu'il recevoit, l'angle que celles-ci forment en y entrant, la rencontre des Isles & leur longueur, & surtout pour mesurer la vitesse du courant & celle du canot, tantôt à terre, tantôt sur le canot même, par diverses pratiques dont l'explication seroit ici de trop. Tous mes moments étoient remplis : souvent j'ai sondé & mesuré géométriquement la largeur du Fleuve & celle des rivieres, qui viennent s'y joindre ; j'ai pris la hauteur méridienne du Soleil presque tous les jours, & j'ai observé souvent son Amplitude à son lever & à son coucher : dans tous les lieux où j'ai séjourné, j'ai monté aussi le Barométre. Je ne ferai plus dorénavant mention de ces observations que dans les endroits les plus remarquables, réservant un plus grand détail pour nos assemblées particulieres.

E

Le 25. nous laissâmes du côté du Nord, la riviere du *Tigre*, qui pourroit bien être plus grande que le fleuve du même nom en Asie, mais qui moins heureusement placée, se perd ici dans une foule de rivieres beaucoup plus considérables. Le même jour nous arrêtâmes d'assez bonne heure & du même côté à une nouvelle Mission de Sauvages appellés *Yameos*, récemment tirés des bois. Leur langue est d'une difficulté inexprimable, & leur maniere de prononcer est encore plus extraordinaire que leur langue. Ils parlent en retirant leur respiration, & ne font sonner presque aucune voyelle. Ils ont des mots que nous ne pourrions écrire, même imparfaitement, sans employer moins de 9. ou 10. syllabes; & ces mots prononcés par eux semblent n'en avoir que trois ou quatre.

Poettarrarorincouroac signifie en leur langue le nombre *Trois* : heureusement pour ceux qui ont affaire à eux, leur arithmétique ne va pas plus loin. Quelque peu croyable que cela paroisse, ce n'est pas la seule nation Indienne qui soit dans ce cas. La langue *Brasilienne* parlée par des peuples moins grossiers, est dans la même disette, & passé le nombre *Trois*, ils sont obligés, pour compter, d'emprunter le secours de la langue Portugaise.

Les *Yameos* sont fort adroits à faire de longues Sarbacanes qui sont l'arme de chasse la plus ordinaire des Indiens. Ils y ajustent de petites fléches de bois de palmier qu'ils garnissent, au lieu de plume, d'un petit bourlet de coton, qui remplit exactement le vuide du tuyau. Ils les lancent avec le souffle à 30 & 40 pas, & ne manquent presque jamais leur coup. Un instru-

Leurs Sarbacanes.

Juillet 1743.

Leurs Fléches empoisonnées.

ment si simple supplée avantageusement chez toutes ces nations au défaut des armes à feu. Ils trempent la pointe de ces petites fléches, ainsi que de celles de leurs arcs, dans un poison si actif, que quand il est récent, il tue en moins d'une minute l'animal à qui la fléche a tiré du sang. Quoique nous eussions des fusils, nous n'avons guère mangé sur la Riviere de gibier tué autrement, & souvent nous avons rencontré la pointe du trait sous la dent: il n'y a à cela aucun danger; ce venin n'agit que quand il est mêlé avec le sang; alors il n'est pas moins mortel à l'homme qu'aux autres animaux. Le contrepoison est le sel, & plus sûrement le sucre. Je parlerai en son lieu des expériences que j'en ai faites à *Cayenne* & à *Leyde*.

L'Ucayale peutêtre la vraie source du Marañon.

Le lendemain 26. nous rencontrâmes du côté du Sud l'embouchure de *l'Ucayale*, l'une des plus grandes rivieres qui grossissent le *Mara-ñon*. Il y a lieu de douter laquelle des deux est le tronc principal dont l'autre n'est qu'un rameau. A leur rencontre mutuelle, *l'Ucayale* est plus large que le fleuve où il perd son nom. Les sources de *l'Ucayale* sont aussi les plus éloignées & les plus abondantes ; il rassemble les eaux de plusieurs Provinces du haut *Pérou*, & il a déja reçû *l'Apu-rimac* qui le rend une riviere considérable, par la même latitude où le *Marañon* n'est encore qu'un torrent ; enfin *l'Ucayale* en rencontrant le *Marañon*, le repousse & lui fait changer de direction. D'un autre côté le *Marañon* a fait un plus long circuit, & est déja grossi des rivieres de *S. Iago*, de *Pastaça*, de *Guallaga*, &c. lorsqu'il se joint à *l'Ucayale*. De plus, il est constant que le *Marañon* est partout d'une profondeur extraordinaire. Il est vrai que *l'Ucayale* n'a jamais

E iij

été fondé, & qu'on ignore le nombre & la grandeur des rivieres qu'il reçoit. Tout cela me perfuade que la queftion ne pourra être décidée fans appel, tant que *l'Ucayale* ne fera pas mieux connu. Il commençoit à l'être lorfque les Miffions récemment établies fur fes bords furent abandonnées après le foulévement des *Cunivos* & des *Piros*, qui maffacrerent leur Miffionnaire en 1695.

Au deffous de *l'Ucayale* la largeur du *Marañon* croît fenfiblement, & le nombre de fes îles augmente. Le 27. au matin, nous abordâmes à la Miffion de *Saint-Joachin*, compofée de plufieurs nations Indiennes, & furtout de celle des *Omaguas*, nation autrefois puiffante, & qui peuploit encore il y a un fiécle les ifles & les bords de *l'Amazone*, dans la longueur d'environ 200 lieues au deffous du *Napo*. Ils ne paffent pas ce pendant pour originaires du pays : & il y a quelque apparence qu'ils font venus s'établir fur les bords du *Marañon* en defcendant quelqu'une des rivieres qui ont leur fource dans le nouveau Royaume de Grenade, pour fuir la domination des Efpagnols, lorfqu'ils en firent la conquête.

Une nation qui porte le même nom d'*Omagua*, & qui habite vers la fource d'une de ces rivieres, l'ufage des vêtements qu'on a trouvé établi chez les feuls *Omaguas* parmi les nations qui peuplent les bords de l'*Amazone*, quelques veftiges de la cérémonie du Baptême, & quelques traditions défigurées, confirment la conjecture de leur tranfmigration. Le P. *Samuel Fritz* les avoit tous convertis à la Religion Chrétienne, à la fin du dernier fiécle, & l'on comptoit alors dans leur pays 30. villages marqués de leurs noms fur la Carte de ce

E iij

Pere; nous n'en avons plus vû que les ruines ou plutôt la place. Tous leurs habitants effrayés par les incursions de quelques brigands du *Para* qui venoient les faire esclaves chez eux, se sont dispersés dans les bois & dans les Missions Espagnoles & Portugaises.

Le nom d'*Omaguas* dans la langue du *Pérou*, ainsi que celui de *Cambevas* que leur donnent les Portugais du *Para* dans la langue du *Brésil*, signifie *tête platte*; en effet ces peuples ont la bizarre coutume de presser entre deux planches le front des enfans qui viennent de naître, pour leur procurer cette étrange figure, & pour les faire mieux ressembler, disent-ils, à la pleine Lune. La langue des *Omaguas* est aussi douce & aussi aisée à prononcer & même à apprendre, que celle des *Yameos* est rude & difficile: elle n'a aucun rapport à celle du *Pérou* ni à celle du *Brésil* qu'on parle, l'une au-dessus, & l'autre au-dessous du pays des *Omaguas* le long de la Riviere des *Amazones*.

Floripondio, Curupa, plantes.

Les *Omaguas* font grand usage de deux sortes de plantes, l'une que les Espagnols nomment *Floripondio*, dont la fleur a la figure d'une cloche renversée, & qui a été décrite par le P. *Feuillée*; l'autre qui dans la langue *Omagua* se nomme *Curupa*, & dont j'ai rapporté la graine : l'une & l'autre est purgative. Ces peuples se procurent par leur moyen une yvresse qui dure 24. heures, pendant laquelle ils ont des visions fort étranges; ils prennent aussi la *Curupa* réduite en poudre, comme nous prenons le tabac; mais avec plus d'appareil. Ils se servent d'un tuyau de rozeau terminé en fourche, & de la figure d'un Y : ils insérent chaque branche dans une narine; cette opération suivie d'une aspiration violente, leur fait faire une

Juillet 1743.

grimace fort ridicule aux yeux d'un Européen, qui veut tout rapporter à ses usages.

Fertilité du pays.

On peut juger quelle doit être l'abondance & la variété des plantes dans un pays que l'humidité & la chaleur contribuent également à rendre fertile. Celles de la province de *Quito* n'auront pas échappé aux recherches de M. *Jos. de Jussieu* notre compagnon de voyage ; mais j'ose dire que la multitude & la diversité des arbres & des plantes qu'on rencontre sur les bords de la Riviere des *Amazones*, dans l'étendue de son cours depuis la *Cordeliere des Andes*, jusqu'à la Mer, & sur les bords de diverses rivieres qui se perdent dans celle-ci donneroient plusieurs années d'exercice au plus laborieux Botaniste, & occuperoient plus d'un Dessinateur. Je n'entends ici parler que du travail qu'exigeroit la description exacte de

des Amazones. 75

ces plantes & leur réduction en classes, en genres & en espéces. Que sera-ce si l'on y fait entrer l'examen des vertus qui sont attribuées à plusieurs d'entr'elles, par les naturels du pays ? examen qui est sans doute la partie la plus intéressante d'une pareille étude. Il ne faut pas douter que l'ignorance & le préjugé n'aient beaucoup multiplié & exagéré ces vertus; mais le *Quinquina*, l'*Ypecacuana*, le *Simaruba*, la *Salsepareille*, le *Guayac*, le *Cacao*, la *Vanille*, &c. seroient-elle les seules plantes utiles que l'Amérique renfermeroit dans son sein, & leur grande utilité connue & avérée n'est-elle pas propre à encourager à de nouvelles recherches ? Tout ce que j'ai pû faire a été de recueillir des graines dans les lieux de mon passage, toutes les fois que cela m'a été possible.

Juillet 1743.

Le genre de plantes qui m'a paru en général frapper le plus les yeux des *Singularités de quelques Lianes.*

nouveaux venus, par sa singularité, ce sont ces lianes ou sorte d'osiers, dont j'ai déja fait mention, qui tiennent lieu de cordes, & qui sont fort ordinaires en *Amérique* dans tous les pays chauds & couverts de bois. Elles ont cela de commun, qu'elles montent en serpentant autour des arbres & des arbustes qu'elles rencontrent, & qu'après être parvenues jusqu'à leurs branches, & quelquefois à une très-grande hauteur, elles jettent des filets qui retombent perpendiculairement, s'enfoncent dans la terre, y reprennent racine & s'élévent de nouveau, montant & descendant alternativement. D'autres filamens portés obliquement par le vent ou par quelque hasard, s'attachent souvent aux arbres voisins, & forment une confusion de cordages pendans & tendus en tout sens, qui offre aux yeux le même aspect que les manœuvres d'un vaisseau. Il n'y a presque aucune de ces lianes à laquelle on n'attribue quelque propriété particuliere, dont quelques-unes sont bien confirmées ; telle est l'*Ypecacuana*. J'en ai vû en plusieurs endroits une espéce qui a une odeur d'ail, si forte & si marquée, que cela seul la rend reconnoissable. Il y en a d'aussi grosses, & même de plus grosses que le bras ; quelques-unes étouffent l'arbre qu'elles embrassent, & le font réellement mourir à force de l'étreindre ; ce qui leur a fait donner par les Espagnols le nom de *Matapalo*, ou *tue-bois*. Il arrive quelquefois que l'arbre séche sur pied, se pourrit & se consume, & qu'il ne reste que les spires de la liane qui forment une espéce de colonne torse isolée & à jour, que l'art auroit bien de la peine à imiter.

Les gommes, les résines, les baumes, tous les sucs enfin qui découlent par incision de diverses sortes d'ar-

Gommes, Résines, Baumes.

bres, ainsi que les différentes huiles qu'on en tire, sont sans nombre. L'huile qu'on extrait du fruit d'un palmier appellé *Unguravé*, est, dit-on, aussi douce, & paroît à quelques-uns aussi bonne au goût que l'huile d'olive. Il y en a comme celle d'*Andiroba*, qui donnent une fort belle lumiere, sans aucune mauvaise odeur. En plusieurs endroits les Indiens, au lieu d'huile, s'éclairent avec le *Copal* entouré de feuilles de Bananier ; en d'autres avec certaines graines enfilées dans une baguette pointuë, qui étant enfoncée en terre, leur tient lieu de chandelier. La résine appellée *Cahuchu** dans les pays de la Province de *Quito* voisins de la Mer, est aussi fort commune sur les bords du *Marañon*, & sert aux mêmes usages. Quand elle est fraîche, on lui donne avec des moules la forme qu'on veut ; elle est impénétrable à la pluie mais

Cahout-chou, Résine élastique.

* Prononcez *Cahout-chou*.

ce qui la rend plus remarquable, c'eft fa grande élafticité. On en fait des bouteilles qui ne font pas fragiles, des bottes, des boules creufes qui s'applatiffent quand on les preffe, & qui dès qu'elles ne font plus gênées, reprennent leur premiere figure. Les Portugais du *Para* ont appris des *Omaguas* à faire avec la même matiere des pompes ou feringues qui n'ont pas befoin de pifton : elles ont la forme de poires creufes, percées d'un petit trou à leur extrémité où ils adaptent une canule. On les remplit d'eau, & en les preffant, lorfqu'elles font pleines, elles font l'effet d'une feringue ordinaire. Ce meuble eft fort en ufage chez les *Omaguas*. Quand ils s'affemblent entr'eux pour quelque fête, le maître de la maifon ne manque pas d'en préfenter une. par politeffe à chacun des conviés, & fon ufage précéde toujours parmi

Juillet 1743.

Coutume finguliere des Omaguas.

eux les repas de cérémonie.

Juillet 1743.

Nous changeâmes de canots & d'équipages à *Saint Joachin*, d'où nous partîmes le 29. Juillet compaſſant notre marche dans le deſſein d'arriver à l'embouchure du *Napo* à tems pour y obſerver la nuit du 3. Aouſt une *Emerſion* du premier Satellite de *Jupiter* Je n'avois depuis mon départ aucun point déterminé en Longitude, pour corriger mes diſtances eſtimées d'Eſt à Oueſt : d'ailleurs les voyages d'*Orellana*, de *Texeira* & du P. d'*Acuña*, qui ont rendu le *Napo* célébre, & la prétention des Portugais ſur le domaine des bords du fleuve des *Amazones* juſqu'au *Napo*, rendoit ce point important à fixer. Je fis mon obſervation fort heureuſement, malgré divers obſtacles, & je recueillis par-là le premier fruit des peines que m'avoit coûté le tranſport d'une Lunette de 18 pieds, dans des bois & des montagnes,

Obſervations de Latitude & de Longitude à l'Embouchure du Napo.

montagnes, pendant une route de plus de 150 lieues. Mon Compagnon de voyage rempli du même zéle me fut en cette occasion & dans plusieurs autres où il m'aida, d'un grand secours, par son intelligence & son activité. J'observai d'abord la hauteur Méridienne du Soleil dans une isle vis-à-vis de la grande embouchure du *Napo*. Je trouvai 3 degrés 24 minutes de Latitude Australe. Je jugeai la largeur totale du *Marañon* de 900 toises au-dessous de l'isle, n'ayant pu en mesurer qu'un bras géométriquement. Le *Napo* me parut avoir 600 toises de large au-dessus des isles qui partagent ses bouches. Enfin j'observai le même soir l'*Emersion* du premier *Satellite*, & je pris aussi-tôt après la hauteur de deux Etoiles, pour en conclure l'heure. Les intervalles des observations furent mesurés avec une bonne montre; de

Juillet 1743.

F

cette maniere je pus me dispenser de monter & de régler une pendule, ce qui n'eût guère été possible, & qui eût demandé du tems. Je trouve par le calcul la différence des Méridiens entre *Paris* & l'embouchure du *Napo*, de quatre heures trois quarts. Cette détermination sera plus exacte quand on aura l'heure de l'observation actuelle, en quelque lieu dont la position en longitude soit connue, & où cette *Emersion* ait été visible.

Aussi-tôt après mon observation de Longitude, nous nous remîmes en chemin : & le lendemain matin premier Août nous prîmes terre, dix à douze lieues au dessous de l'embouchure du *Napo*, à *Pévas*, aujourd'hui la derniere des Missions Espagnoles sur les bords du *Marañon*. Le P. *Fritz* les avoit étendues à plus de 200. lieues au-delà; mais les Portugais en 1710. se sont mis en possession de la plus grande partie de ces terres. Les nations Sauvages voisines des bords du *Napo* n'ont jamais été entiérement subjuguées par les Espagnols. Quelques-unes d'entr'elles ont massacré en différents tems les Gouverneurs & les Missionnaires qui avoient tenté de les réduire. Il y a quinze ou vingt ans que les PP. Jésuites de *Quito* ont renouvellé d'anciens établissements, & formé sur les bords de cette riviere de nouvelles Missions aujourd'hui très-florissantes.

Le nom de *Pévas* que porte la Bourgade où nous abordâmes, est celui d'une nation Indienne qui fait partie de ses habitans; mais on y a rassemblé des Indiens de diverses nations, dont chacune parle une langue différente, ce qui est ordinaire par toute l'*Amérique*. Il arrive quelquefois qu'une langue n'est entendue que de deux ou trois familles, reste misérable d'un

Août 1743.

Pevas Nation & Village.

F ij

peuple détruit & dévoré par un autre: car quoiqu'il n'y ait pas aujourd'hui d'Anthropophages le long des bords du *Marañon*, il y a encore dans les terres, particulierement du côté du Nord, & en remontant *l'Yupura*, des Indiens qui mangent leurs prisonniers. La plûpart des nouveaux habitans de *Pevas* ne sont pas encore Chrétiens, ce sont des Sauvages nouvellement tirés de leur *Fort*. Il n'est jusqu'ici question que d'en faire des hommes, ce qui n'est pas un petit ouvrage.

Je ne dois m'étendre dans l'occasion présente sur les mœurs & sur les coutumes de ces nations & d'un si grand nombre d'autres que j'ai rencontrées, qu'autant qu'elles peuvent avoir quelque rapport à la Physique ou à l'Histoire Naturelle ; ainsi je ne ferai point de description de leurs danses, de leurs instruments, de leurs festins, de leurs armes, de leurs usſenſiles de chaſſe & de pêche, de leurs ornemens bizarres d'os d'animaux & de poiſſons paſſés dans leurs narines & dans leurs lévres, de leurs joues criblées de trous, qui ſervent d'étui à des plumes d'oiſeaux de toutes couleurs : mais les Anatomiſtes trouveront peut-être quelques réflexions à faire ſur l'extenſion monſtrueuſe du lobe de l'extrémité inférieure de l'oreille de quelques-uns de ces peuples, ſans que pour cela ſon épaiſſeur en ſoit diminuée ſenſiblement. Nous avons été ſurpris de voir de ces bouts d'oreilles longs de quatre à cinq pouces, percés d'un trou de dix-ſept à dix-huit lignes de diamétre, & on nous a aſſuré que nous n'avions rien vû de ſingulier en ce genre. Ils inſérent d'abord dans le trou un petit cylindre de bois, auquel ils en ſubſtituent un plus gros, à meſure que l'ouverture s'aggrandit, juſqu'à ce que le

Août 1743.

Uſages bizares.

Oreilles monſtrueuſes.

F iij

bout de l'oreille leur pende sur les épaules. Leur grande parure est de remplir ce trou d'un gros bouquet ou d'une touffe d'herbes & de fleurs qui leur sert de pendant d'oreille.

S. Paul, premiere Mission des Portugais.

On compte six à sept journées de marche, que nous fîmes en trois jours & trois nuits, de *Pévas*, derniere Mission Espagnole, à St. *Paul* la premiere des Missions Portugaises, desservie par des Religieux de l'ordre du *Mont Carmel*. Dans cet intervalle on ne rencontre aucune habitation sur les bords du fleuve. C'est-là que commencent les grandes isles anciennement habitées par les *Omaguas*. Le lit de la riviere s'y élargit si considérablement, qu'un seul de ses bras a

Largeur du fleuve.

quelquefois 8 à 900 toises. Comme cette grande étendue donne beaucoup de prise au vent, il y excite de vraies tempêtes, qui ont souvent submergé des canots. Nous essuyâmes deux orages dans notre trajet de *Pévas* à *S. Paul*; mais la grande expérience des Indiens fait qu'il est rare qu'on se trouve surpris au milieu du Fleuve, & il n'y a de danger pressant que lorsqu'on n'a pas le tems de chercher un abri à l'embouchure de quelque petite riviere ou ruisseau qui se rencontre fréquemment. Dès que le vent cesse, le courant du fleuve qui brise les vagues, lui a bien-tôt rendu sa premiere tranquillité.

Août 1743. Tempêtes.

Un des plus grands périls de cette navigation est la rencontre de quelque tronc d'arbre déraciné, engravé dans le sable ou le limon, & caché sous l'eau qui mettroit le canot en danger de tourner ou de s'ouvrir, comme il nous arriva une fois en approchant de terre pour couper un bois dont on vantoit les vertus pour l'Hydropisie. Pour éviter cet inconvénient, on s'éloigne des bords : quant aux arbres

Danger de cette navigation.

Août.
1743.

entraînés par le courant, comme ils flotent on les voit de loin, & il est aisé de s'en garantir.

Je ne parle pas d'un autre accident beaucoup plus rare, mais toujours funeste dont on court encore le risque en côtoyant de trop près les bords du fleuve. C'est la chute subite de quelque arbre, ou par caducité, ou parce que le terrein qui le soûtenoit a été insensiblement miné par les eaux. Plusieurs canots en ont été brisés & engloutis avec tous les rameurs. Sans quelque événement de cette espéce, il seroit inoüi qu'un Indien se fût noyé.

Indiens guerriers

Il n'y a aujourd'hui aucune nation guerriere ennemie des Européens sur les bords du *Marañon*, toutes se sont soumises ou retirées au loin. Cependant il y a encore des endroits où il seroit dangereux de coucher à terre. Il y a quelques années que le fils d'un

Gouverneur Espagnol dont nous avons connu le pere à *Quito*, ayant entrepris de descendre la riviere, fut surpris dans le bois, & massacré par des Sauvages du dedans des terres qu'un malheureux hazard lui fit rencontrer près des bords du Fleuve, où ils ne viennent qu'à la dérobée. Le fait nous a été conté par son camarade de voyage échappé au même danger, & aujourd'hui établi dans les Missions Portugaises.

Le Missionnaire de *S. Paul* prévenu de notre arrivée, nous tenoit prêt un grand canot, pirogue ou brigantin équippé de quatorze rameurs avec un Patron. Il nous donna de plus un guide Portugais dans un autre canot, & nous reçumes de lui & des autres Religieux de son ordre chez qui nous avons séjourné, un traitement qui nous fit oublier que nous étions au centre de l'*Amérique*, éloignés

Août 1743.

Parallèle des Missions Portugaises & Espagnoles

de 500 lieues de terres habitées par des Européens. A *S. Paul* nous commençâmes à voir au lieu de maisons & d'Eglises de roseaux, des chapelles & des presbytères de maçonnerie, de terre & de brique, & des murailles blanchies proprement. Nous fûmes encore agréablement surpris, de voir au milieu de ces déserts des chemises de toile de *Bretagne* à toutes les femmes Indiennes, des coffres avec des serrures & des clefs de fer dans leurs ménages, & d'y trouver des aiguilles, de petits miroirs, des couteaux, des ciseaux, des peignes, & divers autres petits meubles d'*Europe* que les Indiens se procurent tous les ans au *Para* dans les voyages qu'ils y font pour y porter le *Cacao* qu'ils recueillent sans culture sur les bords du Fleuve. Le commerce avec le *Para* donne à ces Indiens & à leurs Missionnaires un air d'aisance, qui distingue au premier coup d'œil les Missions Portugaises, des Missions Castillanes du haut du *Marañon*, dans lesquelles tout se ressent de l'impossibilité où sont les Missionnaires de la Couronne d'Espagne de se fournir d'aucune des commodités de la vie, n'ayant aucun commerce avec les *Portugais* leurs voisins, en descendant le Fleuve; & tirant tout de *Quito* où à peine envoient-ils une fois l'année, & dont-ils sont plus séparés par la *Cordeliere*, qu'ils ne le seroient par une mer de mille lieues.

Les canots dont se servent les Portugais, & dont nous nous servîmes depuis *Saint-Paul*, sont beaucoup plus grands & plus commodes que les canots Indiens, avec lesquels nous avions navigué dans les Missions Espagnoles. Le tronc d'arbre qui fait tout le corps des canots Indiens, ne fait chez les Portugais que la carène. Ils le fendent

Août 1743.

Canots Portugais.

premierement, & l'évuident avec le fer; ils l'ouvrent ensuite, par le moyen du feu, pour augmenter sa largeur : mais comme le creux diminue d'autant, ils lui donnent plus de hauteur par des bordages qu'ils y ajoûtent, & qu'ils lient par des courbes au corps du bâtiment. Le gouvernail est placé dans ces canots, de maniere que son jeu n'embarrasse nullement la cabanne ou petite chambre qui est ménagée à la pouppe. Quelques-uns de ces brigantins ont soixante pieds de long fur sept de large, & trois & demi de creux ; il y en a de plus grands encore & de quarante rameurs. La plûpart ont deux mâts, & vont à la voile ; ce qui est d'une grande commodité pour remonter le Fleuve à la faveur du vent d'Est, qui y regne depuis le mois d'Octobre jusques vers le mois de Mai. Il y a quatre ou cinq ans qu'un de ces brigantins de médiocre grandeur, ponté & agréé par un Capitaine Marchand François qui s'y embarqua avec trois Mariniers François, prit le large en haute mer, au grand étonnement des habitans du *Para*, & fit en six jours du *Para* à *Cayenne* un trajet qu'on verra que je n'ai fait qu'en deux mois, dans un bâtiment du même port; obligé que j'étois de me laisser conduire terre à terre, à la mode du pays; ce qui d'ailleurs me convenoit mieux pour lever ma Carte.

Août 1743.

Nous nous rendîmes en cinq jours & cinq nuits de navigation de *Saint-Paul* à *Coari*, non compris environ deux jours de séjour dans les Missions intermédiaires de *Yviratuha*, *Traquatuha*, *Paraguari* & *Tefé*. *Coari* est la derniere des six peuplades des Missionnaires Carmes Portugais; les cinq premieres sont formées des dé-

Missions des Carmes Portugais.

bris de l'ancienne Miſſion du Père *Samuel Fritz*, & compoſées d'un grand nombre de diverſes nations, la plûpart tranſplantées. Toutes les ſix ſont ſituées ſur la rive Auſtrale du Fleuve, où les terres ſont plus hautes, & à l'abri des inondations. Entre *Saint-Paul* & *Coari* nous rencontrâmes pluſieurs grandes & belles rivieres, qui viennent ſe perdre dans celle des *Amazones*. Du côté du Sud, les principales ſont *Yutay*, plus grande que celle d'*Yuruca*, qui la ſuit, & dont je meſurai l'embouchure de 362 toiſes, celle de *Tefé* que le P. d'Acuña nomme *Tapi*, & celle de *Coari*, qui ne paſſoit il y a quelques années que pour un lac; toutes courent du Sud au Nord, & deſcendent des montagnes à l'Eſt de *Lima*, & au Nord de *Cuſco*. Toutes ſont navigables pluſieurs mois en remontant depuis leurs embouchures; & divers Indiens ont

Août 1743.

Rivieres; Yutay, Yuruca, Tefé, Coari, du côté du Sud.

des Amazones. 95

rapporté qu'ils avoient vû sur les bords de celle de *Coari* dans le haut des terres, un pays découvert, des mouches & quantité de bêtes à cornes (dont ils rapporterent des dépouilles;) objets nouveaux pour eux, & qui prouvent que les sources de ces rivieres arrosent des pays fort différens du leur, & sans doute voisins des Colonies Espagnoles du haut *Pérou*, où l'on sçait que les bestiaux se sont fort multipliés. L'*Amazone* reçoit aussi du côté du Nord dans cet intervalle, deux grandes & célébres rivieres, la premiere est celle d'*Yça*, qui descend comme le *Napo* des environs de *Pasto* au Nord de *Quito*, dans les Missions Franciscaines de *Sucumbios*, où elle se nomme *Putumayo*, la seconde est l'*Yupura*, qui a ses sources un peu plus vers le Nord que le *Putumayo*, & qui dans sa partie supérieure se nomme *Caquetà*, nom

Août 1743.

Putumayo; Yupura ou Caquetà, du côté du Nord.

totalement inconnu à ses embouchures dans l'*Amazone*. Je dis ses embouchures, car il y en a effectivement sept ou huit formées par autant de bras qui se détachent successivement du canal principal, & si loin les uns des autres, qu'il y a plus de cent lieues de distance de la premiere bouche à la derniere. Les Indiens leur donnent divers noms, ce qui les a fait prendre pour différentes Rivieres. Ils appellent *Yupura* un des plus considérables de ces bras; & en me conformant à l'usage des Portugais qui ont étendu ce nom, en remontant, j'appelle *Yupura* non-seulement le bras ainsi nommé anciennement par les Indiens, mais aussi le tronc d'où se détachent ce bras & les suivans. Tout le pays qu'ils arrosent est si bas, que dans le tems des crues de l'*Amazone*, il est totalement inondé, & qu'on passe en canot d'un bras à l'autre, & à des lacs

dans

des Amazones.

dans l'intérieur des terres. Les bords de l'*Yupura* sont habités en quelques endroits par ces nations féroces dont j'ai parlé, qui se détruisent mutuellement, & dont plusieurs mangent encore leurs prisonniers. Cette riviere, non plus que les différens bras qui entrent plus bas dans l'*Amazone*, ne sont guère fréquentés d'autres Européens, que de quelques Portugais du *Para*, qui y vont en fraude acheter des Esclaves. Nous reviendrons à l'*Yupura*, en parlant de *Rio Negro*.

Août 1743.

C'est dans ces quartiers qu'étoit situé un village Indien, où *Texeira* en remontant le Fleuve en 1637. reçut en troc des anciens habitans quelques bijoux d'un or qui fut essayé à *Quito*, & jugé de 23 carats. Il donna à ce lieu le nom de *Village de l'Or*. A son retour il y planta une borne, & en prit possession pour la Couronne

Village de l'Or.

Borne plantée par Texeira.

de *Portugal* le 26. Août 1639. par un acte qui se conserve dans les Archives du *Para*, où je l'ai vû. Cet acte signé de tous les officiers de son détachement, porte que ce fut *sur une terre haute vis-à-vis des Bouches de la Riviere d'Or.*

Le P. *d'Acuña* assûre que par divers chemins qu'il indique, on remonte de l'*Yupura* dans l'*Yquiary*, qu'il nomme la riviere *d'Or.* Il ajoûte que les habitans de l'*Yquiari* faisoient commerce de ce métal avec les * *Manaos* leurs voisins, & ceux-ci avec les Indiens des bords de l'*Amazone*, desquels il acheta lui-même une paire de pendans d'oreilles d'or. Le P. *Fritz* rapporte dans son Journal, qu'en 1687. c'est-à-dire, cinquante ans après le P. *d'Acuña*, il

---

* Le P. *Fritz* écrit *Manaves*. La traduction Françoise de la Relation du P. *d'Acuña* défigure ce mot, ainsi que beaucoup d'autres, en écrivant *Mavagus*. Les Portugais l'écrivent aujourd'hui *Manaos* & *Manaus*, indifféremment, & prononcent *Manaous*.

avoit vû arriver huit à dix canots de *Manaos*, qui de leurs habitations sur les rivages de l'*Yurubech*, étoient venus à la faveur de l'inondation, pour commercer chez les *Yurimaguas* ses Catéchumènes, sur la rive septentrionale de l'*Amazone*. Il dit encore qu'ils avoient coutume d'apporter entre autres choses de petites lames d'or batu, que ces mêmes *Manaos* recevoient en échange des Indiens de l'*Yquiari*. Tous ces lieux & ces rivieres sont placés sur la Carte de ce Pere. Tant de témoignages conformes, & chacun d'eux respectable, ne permettent pas de douter de la vérité de ces faits; cependant le Fleuve, le lac, la mine d'or, la borne, & même le *Village de l'Or* attesté par la déposition de tant de témoins, tout a disparu comme un Palais enchanté, & sur les lieux on en a perdu jusqu'à la mémoire.

La mémoire en est perdue sur les lieux.

Dès le tems du P. *Fritz*, les Portugais oubliant le titre sur lequel ils fondent leur prétention, soutenoient déja que la borne plantée par *Texeira* étoit située plus haut que la province d'*Omaguas* ; & dans le même tems le P. *Fritz*, Missionnaire de la Couronne d'Espagne, donnant dans une autre extrémité, prétendoit qu'elle n'avoit été posée qu'aux environs de la riviere de *Cuchivara* plus de 200 lieues plus bas. Il est arrivé ici ce qui arrive presque toujours dans les disputes, chacun a exagéré ses prétentions. Quant à la borne plantée dans le *village de l'Or*, si on examine bien le Canton où est située la quatriéme Mission Portugaise, en descendant, appellée *Paraguari*, sur le bord Austral de l'*Amazone*, quelques lieues au-dessus de l'embouchure de *Tefé*, (où j'ai observé 3 degrés 20 minutes de Latitude Australe) on trouvera qu'il réunit tous les caractères qui défi-

Août 1743.

Situation de la Borne

gnent la situation de ce fameux village, dans l'Acte de *Texeira*, daté de *Guayaris*, & dans la Relation du P. *d'Acuña*. L'*Yupura* dont l'embouchure principale est vis-à-vis de *Paraguari*, sera par conséquent *Rio de Ouro*, dont les bouches mentionnées dans le même Acte étoient vis-à-vis du Village. Il reste à sçavoir que ce que sont devenus l'*Yurubech* & l'*Yquiari*, auquel le P. *d'Acuña* donne le nom de *Riviere d'Or*, & où il dit qu'on remonte par l'*Yupura*; c'est ce que j'ai eu un peu plus de peine à découvrir : je crois cependant avoir éclairci ce point, & peut-être trouvé le fondement de la fable du *Lac Parime* & du *Dorado* ; mais l'ordre & la clarté demandent que cette discussion soit remise à l'article de la riviere *Noire*.

Dans le cours de notre navigation, nous avions questionné par-tout les Indiens des diverses nations, & nous nous étions informé d'eux avec grand soin, s'ils avoient quelque connoissance de ces femmes belliqueuses qu'*Orellana* prétendoit avoir rencontrées & combatues, & s'il étoit vrai qu'elles vivoient éloignées du commerce des hommes, ne les recevant parmi elles qu'une fois l'année, comme le rapporte le P. *d'Acuña* dans sa Relation, où cet article mérite d'être lû par sa singularité. Tous nous dirent qu'ils l'avoient oüi raconter ainsi à leurs Peres, ajoûtant mille particularités, trop longues à répéter, qui toutes tendent à confirmer qu'il y a eu dans ce continent une république de femmes qui vivoient seules sans avoir d'hommes parmi elles, & qu'elles se sont retirées du côté du Nord, dans l'intérieur des terres, par la riviere *Noire*, ou par une de celles qui descendent du même côté dans le *Marañon*.

Un Indien de S. *Joachin d'Omaguas*, nous avoit dit que nous trouverions peut-être encore à *Coari* un vieillard, dont le Pere avoit vû les *Amazones*. Nous apprîmes à *Coari* que l'Indien qui nous avoit été indiqué, étoit mort ; mais nous parlâmes à son fils, qui paroissoit âgé de 70 ans, & qui commandoit les autres Indiens du même village. Celui-ci nous assura que son grand pere avoit, en effet, vû passer ces femmes à l'entrée de la riviere de *Cuchiuara*, qu'elles venoient de celle de *Cayamé*, qui débouche dans l'*Amazone* du côté du Sud entre *Tefé* & *Coari* ; qu'il avoit parlé à quatre d'entr'elles, dont une avoit un enfant à la mammelle : il nous dit le nom de chacune d'elles ; il ajoûta qu'en partant de *Cuchiuara*, elles traverserent le *Grand Fleuve*, & prirent le chemin de la riviere *Noire*. J'obmets certains détails peu vraisemblables, mais qui

Témoignages en faveur de leur réalité.

ne font rien au fonds de la chose. Plus bas que *Coari*, les Indiens nous dirent par-tout les mêmes choses avec quelques variétés dans les circonstances ; mais tous furent d'accord sur le point principal.

En particulier ceux de *Topayos*, dont il sera fait mention en son lieu plus expressément, ainsi que de certaines pierres vertes connues sous le nom de *pierres des Amazones*, disent qu'ils en ont hérité de leurs peres, & que ceux-ci les ont eues des *Cougnantainsecouima*, c'est-à-dire en leur langue, des femmes sans mari, chez lesquelles, ajoûtent-ils, on en trouve une grande quantité.

Un Indien, habitant de *Mortigura* Mission voisine du *Para*, m'offrit de me faire voir une riviere, par où on pouvoit remonter selon lui jusqu'à peu de distance du pays actuellement, disoit-il, habité par les *Ama-*

zones. Cette riviere se nomme *Irijo*, & j'ai passé depuis à son embouchure, entre *Macapa* & le cap de *Nord*. Selon le rapport du même Indien, à l'endroit où cette riviere cesse d'être navigable à cause des sauts, il falloit, pour pénétrer dans le pays des *Amazones*, marcher plusieurs jours dans les bois du côté de l'Ouest, & traverser un pays de montagnes.

Un vieux Soldat de la garnison de *Cayenne*, aujourd'hui habitant proche des sauts de la riviere d'*Oyapoc*, m'a assuré que dans un détachement dont il étoit qui fut envoyé dans les terres pour reconnoître le pays en 1726, ils avoient pénétré chez les *Amicouanes*, nation à longues oreilles, qui habite au-de-là des sources de l'*Oyapoc* & près de celles d'une autre riviere qui se rend dans l'*Amazone*, & que là il avoit vû au col de leurs femmes & de leurs filles de ces mêmes pierres vertes dont je viens de parler; & qu'ayant demandé à ces Indiens d'où ils les tiroient, ceux-ci lui répondirent qu'elles venoient de chez les femmes *qui n'avoient point de mari*, dont les terres étoient à sept ou huit journées plus loin du côté de l'Occident. Cette nation des *Amicouanes* habite loin de la mer dans un pays élevé, où les rivieres ne sont pas encore navigables; ainsi ils n'avoient vraisemblablement pas reçû cette tradition des Indiens de l'*Amazone*, avec lesquels ils n'avoient pas de commerce: ils ne connoissoient que les nations contigues à leurs terres, parmi lesquelles les François du détachement de *Cayenne* avoient pris des guides & des interprétes.

Il faut d'abord remarquer que tous les témoignages que je viens de rapporter, d'autres que j'ai passé sous silence, ainsi que ceux dont il est fait mention dans les informations faites en 1726, & depuis par deux gouverneurs Espagnols * de la province de *Venezuela*, s'accordent en gros sur le fait des *Amazones* ; mais ce qui ne mérite pas moins d'attention, c'est que tandis que ces diverses relations désignent le lieu de la retraite des *Amazones* Américaines, les unes vers l'Orient, les autres au Nord, & d'autres vers l'Occident ; toutes ces directions différentes concourent à placer le centre commun où elles aboutissent dans les montagnes au centre de la *Guiane*, & dans un canton où les Portugais du *Para*, ni les François de *Cayenne* n'ont pas encore pénétré. Malgré tout cela, j'avoue que j'aurois bien de la peine à croire que nos *Amazones* y fussent actuellement établies, sans qu'on eût de leur

Il y a peu d'apparence qu'elles subsistent aujourd'hui

* Don Diego Portales qu'on sçait qui vivoit encore à Madrid il y a quelques années, & Don Francisco Torralva son successeur.

nouvelles plus positives, de proche en proche, par les Indiens voisins des Colonies Européennes des côtes de la *Guiane*; mais cette nation ambulante pourroit bien avoir encore changé de demeure ; & ce qui me paroît plus vraisemblable que tout le reste, c'est qu'elles ayent perdu avec le tems leurs anciens usages, soit qu'elles aient été subjuguées par une autre nation, soit qu'ennuyées de leur solitude, les filles aient à la fin oublié l'aversion de leurs meres pour les hommes. Ainsi quand on ne trouveroit plus aujourd'hui de vestiges actuels de cette République de femmes, ce ne seroit pas encore assez pour pouvoir affirmer qu'elle n'a jamais existé.

D'ailleurs il suffit pour la vérité du fait, qu'il y ait eu en *Amérique* un peuple de femmes, qui n'eussent pas d'hommes vivants en société avec elles. Leurs autres coutumes, & particulierement celle de se couper une mammelle, que le Pere d'*Acuña* leur attribue sur la foi des Indiens, sont des circonstances accessoires & indépendantes, & ont vraisemblablement été altérées, & peut-être ajoûtées, par les Européens préoccupés des usages qu'on attribue aux anciennes *Amazones* d'*Asie*; & l'amour du merveilleux les aura fait depuis adopter aux Indiens dans leurs récits. En effet il n'est pas dit que le *Cacique* qui avertit *Orellana* de se garder des *Amazones*, qu'il nommoit en sa langue *Comapuyaras*, ait fait mention de la mammelle coupée, & notre Indien de *Coari* dans l'histoire de son ayeul qui vit quatre *Amazones*, dont une allaitoit actuellement un enfant, ne parle point non plus de cette particularité si propre à se faire remarquer.

Je reviens au fait principal. Si pour le nier on alléguoit le défaut de vraisemblance & l'espéce d'impossibilité morale qu'il y a qu'une pareille République de femmes pût s'établir & subsister, je n'insisterois pas sur l'exemple des anciennes *Amazones* Asiatiques, ni des *Amazones* modernes d'*Afrique* *, puisque ce que nous en lisons dans les Historiens anciens & modernes est au moins mêlé de beaucoup de fables, & sujet à contestation. Je me contenterois de faire remarquer que si jamais il y a pû avoir des *Amazones* dans le monde, c'est en *Amérique*, où la vie errante des femmes qui suivent souvent leurs Maris à la guerre, & qui n'en sont pas plus heureuses dans leur domestique, a dû leur faire naître l'idée & leur fournir des occasions fréquentes de se dérober au joug de leurs tyrans, en cherchant à se faire un établissement, où elles pussent vivre dans l'indépendance, & du moins n'être pas réduites à

Malheureuse condition des Femmes Indiennes.

* Voyez la *Description de l'Ethiopie Orientale* par le P. *Juan dos Santos* Dominicain Portugais, & le P. *Labat.*

des Amazones.

la condition d'esclaves & de bêtes de somme. Une pareille résolution prise & exécutée n'auroit rien de plus extraordinaire ni de plus difficile, que ce qui arrive tous les jours dans toutes les Colonies Européennes d'*Amérique,* où il n'est que trop ordinaire que des esclaves maltraités ou mécontents, fuient par troupes dans les bois & quelquefois seuls, quand ils ne trouvent pas à qui s'associer, & qu'ils y passent ainsi plusieurs années, & quelquefois toute leur vie dans la solitude.

Je sçais que tous, ou la plûpart des Indiens de *l'Amérique Méridionale* sont menteurs, crédules, entêtés du merveilleux ; mais aucun de ces Peuples n'a jamais entendu parler des *Amazones* de *Diodore de Sicile,* & de *Justin.* Cependant il étoit déja question d'*Amazones* parmi les Indiens du centre de l'*Amérique,* avant que les Espagnols y eussent pénétré,

Il y a toute apparence qu'il y a eu des Amazones en Amérique.

& il en a été mention depuis chez des Peuples qui n'avoient jamais vû d'Européens. C'est ce que prouve l'avis donné par le Cacique à *Orellana* & à ses gens, ainsi que les traditions rapportées par le P. *d'Acuña* & par le P. *Baraze*.*Croira-t-on que des Sauvages de contrées éloignées se soient accordés à imaginer, sans aucun fondement, le même fait ; & que cette prétendue fable ait été adoptée si uniformément & si universellement à *Maynas*, au *Para*, à *Cayenne*, à *Venezuela*, parmi tant de nations qui ne s'entendent point, & qui n'ont aucune communication ?

Au reste je n'ai pas fait ici l'énumération ** de tous les Auteurs & Voyageurs de toutes les nations de l'*Europe*, qui depuis plus de deux

---

* *Lettres édifiantes & curieuses, tome X.*
** Améric Vespuce, Hulderic Shmidel, Orellana, Berrio, Walter Raleigh, les PP. d'Acuña, d'Artieda, Barazi, &c.

siécles

siécles ont affirmé l'existence des *Amazones* Américaines, & dont quelques-uns prétendent les avoir vûes. Je me suis contenté de rapporter les nouveaux témoignages que nous avons eu occasion, M. *Maldonado* & moi, de recueillir dans notre route. On peut voir cette question traitée dans l'apologie du premier tome du Théâtre Critique du célébre Pere *Feijoo*, Bénédictin Espagnol, faite par son sçavant Disciple le P. *Sarmiento*, de la même Congrégation.

Le 20. Août nous partîmes de *Coari* avec un nouveau canot & de nouveaux Indiens. La langue du *Pérou*, qui étoit familiere à M. *Maldonado* & à nos domestiques, & dont j'avois aussi quelque teinture, nous avoit servi à nous entendre avec les Naturels du pays dans toutes les Missions Espagnoles, où l'on a tâché d'en faire une Langue générale. A

Départ de Coari.

Août 1743.

Langues du Pérou & du Bréfil, devenues générales dans les Miffions qui en dépendent.

S. *Paul* & à *Tefé* nous avions eu des Interprétes Portugais qui parloient la Langue du *Bréfil,* pareillement introduite dans toutes les Miffions Portugaifes; mais n'en ayant point trouvé à *Coari,* où nous ne pûmes arriver, malgré notre diligence, qu'après le départ du grand canot du Miffionnaire pour le *Para,* nous nous trouvâmes parmi des Indiens, avec qui nous ne pouvions converfer que par fignes, ou à l'aide d'un court Vocabulaire que j'avois fait de queftions écrites dans leur langue ; mais qui malheureufement ne contenoit pas les réponfes. Je ne laiffai pas de tirer d'eux quelques éclairciffements, furtout pour les noms de Rivieres. Je remarquai auffi qu'ils connoiffoient plufieurs Etoiles fixes, & qu'ils donnoient des noms d'animaux au diverfes Conftellations. Ils appellent les *Hyades,* ou la tête du Taureau, *Tapi-*

Ira Rayouba, d'un nom qui signifie aujourd'hui en leur langue *Mâchoire de Bœuf*; je dis aujourd'hui, parce que depuis que l'on a transporté des bœufs d'*Europe* en *Amérique*, les *Brasiliens*, ainsi que les Naturels du *Pérou*, ont appliqué à ces animaux, le nom qu'ils donnoient, chacun dans leur langue maternelle, à l'*Elan*, le plus grand des Quadrupédes qu'ils connussent avant la venue des Européens.

Août 1743.

Le lendemain de notre départ de *Coari*, continuant à descendre le Fleuve, nous laissâmes du côté du Nord une embouchure de l'*Yupura*, environ à cent lieues de distance de la premiere, & le jour suivant du côté du Sud, les bouches de la riviere aujourd'hui appellée *Purus*, & autrefois *Cuchivara*, du nom d'un village voisin de son embouchure : c'est dans ce village que l'ayeul du vieux Indien de *Coari* avoit reçû la visite des *Amazo-*

Riviere de Purus.

nes. Cette riviere n'eſt pas inférieure aux plus grandes qui groſſiſſent le *Marañon* de leurs eaux; & ſi l'on en croit les Indiens, elle lui eſt égale. Sept à huit lieues au-deſſous de cette jonction, voyant le Fleuve ſans iſles, & large de 1000 à 1200 toiſes, je fis voguer fortement contre le courant, pour ſonder, en maintenant le bateau, autant qu'il étoit poſſible, à la même place, & je ne trouvai pas fond à 103 braſſes.

Le 23. nous entrâmes dans *Rio Negro*, ou la riviere *Noire*, autre mer d'eau douce, que l'*Amazone* reçoit du côté du Nord. La Carte du P. *Fritz*, qui n'eſt jamais entré dans *Rio Negro*, & la derniere Carte d'*Amérique* de *Deliſle*, d'après celle du P. *Fritz*, font courir cette riviere du Nord au Sud, tandis qu'il eſt certain, par le rapport de tous ceux qui l'ont remontée, qu'elle vient de l'Oueſt

& qu'elle court à l'Est, en inclinant un peu vers le Sud. Je suis témoin par mes yeux, que telle est sa direction plusieurs lieues au-dessus de son embouchure dans l'*Amazone*, où *Rio Negro* entre si parallélement, que sans la transparence de ses eaux qui l'ont fait nommer *Riviere Noire*, on la prendroit pour un bras de l'*Amazone*, séparé par une isle. Nous remontâmes *Rio Negro* deux lieues, jusqu'au Fort que les Portugais y ont bâti sur le bord Septentrional, à l'endroit le plus étroit, que je mesurai de 1203 toises, & où j'observai 3 degrés 9 minutes de Latitude. C'est le premier établissement Portugais qu'on rencontre au Nord de la riviere des *Amazones*, en la descendant. *Rio Negro* est fréquenté par les Portugais depuis plus d'un siécle, & ils y font un grand commerce d'esclaves. Il y a continuellement un détachement

Août 1643.

Fort Portugais.

Sa latitude.

de la garnison du *Para* campé sur ses bords, pour tenir en respect les nations Indiennes qui les habitent, & pour favoriser le commerce des esclaves, dans les limites prescrites par les loix de *Portugal*; & tous les ans ce camp volant, à qui on donne le nom de *Troupe de Rachat*, pénétre plus avant dans les terres. Le Capitaine Commandant du Fort de la *Riviere Noire* étoit absent lorsque nous y abordâmes ; je ne m'y arrêtai que vingt-quatre heures.

Missions des bords de la Riviere Noire.

Toute la partie découverte des bords de *Rio Negro* est peuplée de Missions Portugaises, des mêmes Religieux du *Mont Carmel* que nous avions rencontrés en descendant l'*Amazone*, depuis que nous avions laissé les Missions Espagnoles. En remontant des quinze jours, des trois semaines & plus dans la *Riviere Noire*, on la trouve encore plus large qu'à son embouchure, à cause du grand nombre d'isles & de lacs qu'elle forme. Dans tout cet intervalle le terrein sur ses bords est élevé, & n'est jamais inondé : le bois y est moins fouré, & c'est un pays tout différent des bords de l'*Amazone*.

Nous sçûmes étant au Fort de la riviere *Noire*, des nouvelles plus particulieres de la communication de cette riviere avec *l'Orinoque*, & par conséquent de *l'Orinoque* avec *L'Amazone*. Je ne ferai point l'énumération des différentes preuves de cette communication, que j'avois soigneusement recueillies pendant ma route; la plus décisive étoit alors le témoignage non suspect d'une Indienne des Missions Espagnoles * des bords de *l'Orinoque*, à qui j'avois parlé, & qui étoit venue en canot de chez el-

Communication de l'Orinoque avec l'Amazone par la Riviere Noire.

---

* De la nation *Cauriacani* & du village & Mission de Sainte Marie de *Bararuma*.

le au *Para*. Toutes ces preuves deviennent déformais inutiles, & cédent à une derniere. Je viens d'apprendre par une lettre écrite du *Para* par le R. P. *Jean Ferreyra* Recteur du Collége des Jésuites, que les Portugais du camp volant de la *Riviere Noire* (l'année derniere 1744) ayant remonté de riviere en riviere, ont rencontré le Supérieur des Jésuites des Missions Espagnoles des bords de l'*Orinoque*, avec lequel les mêmes Portugais font revenus par le même chemin, & fans débarquer, jufqu'à leur camp de la *Riviere Noire*, qui fait la communication de l'*Orinoque* avec l'*Amazone*. Ce fait ne peut donc plus aujourd'hui être révoqué en doute ; c'eft envain que pour y jetter quelque incertitude, on réclameroit l'autorité de l'Auteur récent de l'*Orinoque illuftré*, qui après avoir été long-tems Missionnaire fur les bords de l'*Orinoque*, traitoit encore en 1741. cette communication d'impossible.* Il ignoroit alors sans doute que ses propres lettres au Commandant Portugais, & à l'Aumônier de la *Troupe de Rachat*, étoient venues de sa mission de l'*Orinoque* par cette même route réputée imaginaire, jusqu'au *Para*, où je les ai vûes en original entre les mains du Gouverneur; mais cet Auteur est aujourd'hui lui-même pleinement désabusé à cet égard, ainsi que je l'ai appris de M. *Bouguer*, qui l'a vû l'année derniere à *Carthagène d'Amérique*.

La communication de l'*Orinoque* & de l'*Amazone*, récemment avérée peut d'autant plus passer pour une découverte en Géographie, que quoique la jonction de ces deux Fleuves soit marquée sans aucune équivoque sur les anciennes Cartes, tous les

* V. *el Orinoco illustrado*. Madrid. 1741. pag. 18.

Géographes modernes l'avoient supprimée dans les nouvelles, comme de concert, & qu'elle étoit traitée de chimérique par ceux qui sembloient devoir être le mieux informés de sa réalité. Ce n'eft probablement pas la premiere fois que les vraisemblances & les conjectures purement plaufibles l'ont emporté sur des faits atteftés par des Relations de voyages, & que l'esprit de critique pouffé trop loin a fait nier décifivement ce dont il étoit feulement encore permis de douter.

Mais comment se fait cette communication de l'*Orinoque* avec l'*Amazone* ? Une Carte détaillée de la riviere *Noire* que nous aurons quand il plaira à la Cour de *Portugal*, pourroit feule nous en inftruire exactement. En attendant, voici l'idée que je m'en fuis formée, en comparant les diverfes notions que j'ai recueillies dans le cours de mon voyage à toutes les Relations, Mémoires & Cartes tant imprimées que manuscrites que j'ai pû découvrir & consulter tant sur les lieux que depuis mon retour, & surtout aux ébauches de Cartes que nous avons souvent tracées nous-mêmes mon compagnon de voyage & moi, sous les yeux & d'après le récit des Missionnaires & des navigateurs les plus intelligens parmi ceux qui avoient remonté & descendu l'*Amazone* & la riviere *Noire*.

De toutes ces notions combinées & éclaircies l'une par l'autre, il résulte qu'un petit village Indien, dans la province de *Mocoa* (à l'Orient de celle de *Pasto*, par un dégré de latitude Nord) donne son nom de *Caquetà* à une riviere sur les bords de laquelle il est situé. Plus bas, ce Fleuve se partage en trois bras, dont l'un coule au Nord-Est, & c'est le fameux

Le Caquetà source commune de l'Orinoque, de la Riviere Noire & de l'Yupura.

Orinoque, qui a son embouchure vis-à-vis l'isle de *la Trinité* ; l'autre prend son cours à l'Est déclinant un peu vers le Sud ; & c'est celui qui plus bas a été nommé *Rio Negro* par les Portugais. Un troisiéme bras encore plus incliné vers le Sud est l'*Yupura* dont il a été déja parlé tant de fois : celui-ci, comme on l'a remarqué, en son lieu se subdivise en plusieurs autres. Il reste à sçavoir s'il se détache du tronc plus haut que les deux bras précédents, ou si lui même est un rameau de ce second bras appellé *Rio Negro* : c'est sur quoi je n'ai que des conjectures ; mais plusieurs raisons me portent à croire que le premier systême est le plus vraisemblable. Quoi qu'il en soit; il est du moins certain que l'*Yupura*, une fois reconnu pour une branche du *Caquetá*, dont le nom est ignoré sur les bords de l'*Amazone*, tout ce que dit le P.

d'*Acuña* du *Caquetà* & de l'*Yupura* devient facile à entendre & à concilier. On sçait que la diversité des noms donnés aux mêmes lieux & particulierement aux mêmes rivieres par les différents peuples qui habitent leurs bords, a toujours été l'écueil des Géographes.

C'est dans cette Isle, la plus grande du monde connu, ou plutôt dans cette nouvelle *Mésopotamie*, formée par l'*Amazone* & l'*Orinoque* liés entr'eux par la *Riviere Noire*, qu'on a long-tems cherché le prétendu Lac doré de *Parime* & la Ville imaginaire de *Manoa del Dorado*; recherche qui a coûté la vie à tant d'hommes & entre autres à *Walter Raleigh*, fameux navigateur, & l'un des plus beaux esprits d'*Angleterre*, dont la tragique histoire est assez connue. Il est aisé de voir par les expressions du P. d'*Acuña*, que de son tems on n'étoit rien moins

Lac d'Or de Parime, Ville de Manoa del Dorado.

que défabufé de cette belle chimère. Je demande encore grace pour un petit détail Géographique, qui appartient trop au fond de mon fujet, pour l'obmettre, & qui peut fervir à débrouiller l'origine d'un roman, auquel la foif de l'or a feul pû prêter quelque vraifemblance. Une Ville dont les toits & les murailles étoient couvertes de lames d'or, un Lac dont les fables étoient de même métal.

Il faut fe rappeller ici ce qui a été rapporté plus haut au fujet de la riviere *d'Or*, & les faits déja cités, tirés des Relations des PP. *d'Acuña* & *Fritz*.

Nation Manaos. Les *Manaos*, au rapport de ce dernier autheur étoient une nation belliqueufe, redoutée de tous fes voifins. Elle a long-tems réfifté aux armes des *Portugais*, dont à préfent elle eft amie : il y en a plufieurs aujourd'hui fixés dans les peuplades & les Miffions des bords de la riviere *Noi-*

re. Quelques-uns font encore des courses dans les terres chez des nations sauvages, & les *Portugais* se servent d'eux pour leur commerce d'esclaves. C'étoient deux de ces Indiens *Manaos* qui avoient pénétré jusqu'à *l'Orinoque*, & qui avoient enlevé & vendu aux *Portugais* l'Indienne Chrétienne dont j'ai parlé. Le P. *Fritz* dit expressément dans son journal, que ces *Manaos* qu'il vit venir trafiquer avec les *Indiens* des bords de l'*Amazone*, & qui tiroient leur or de l'*Yquiari*, avoient leurs habitations sur les bords de la riviere nommée *Yurubech*. A force de perquisitions, j'ai appris qu'en remontant l'*Yupura* pendant cinq journées, on rencontroit à main droite un *Lac* qu'on traversoit en un jour, appellé *Marahi*, ou *Para-hi*, qui dans la langue du *Brésil*, voudroit dire *Eau de Riviere*, & que de là traînant le canot, quand le fond manque, en des endroits qui sont inondés dans le tems des débordements, on entroit dans une riviere appellée *Yurubach*, par laquelle on descendoit en cinq jours dans la riviere *Noire;* enfin que celle-ci, quelques journées plus haut, en recevoit une autre appellée *Quiquiari*, qui avoit plusieurs sauts, & qui venoit d'un pays de montagnes & de mines. Peut-on douter que ce ne soient là l'*Yurubech* & l'*Yquiari* des PP. *d'Acuña* & *Fritz*. Celui-ci, sur le rapport des Indiens, dont il est difficile de tirer des notions claires & distinctes, surtout quand il faut se servir d'Interpréte, donne à ces deux rivieres un cours différent du véritable; il fait tomber l'*Yurubech* dans l'*Yquiari;* & celui-ci dans un grand Lac au milieu des terres; mais leurs noms sont à peine altérés. On voit sur la Carte du P. *Fritz* une grande peuplade

L'Yquiari & l'Yurubech retrouvés.

peuplade de *Manaos* dans le même canton; il la nomme *Yenefiti*. Je n'ai pû en sçavoir de nouvelles positives, ce qui n'a rien d'extraordinaire, la nation *Manaos* ayant été transplantée & dispersée ; mais il paroît très-vraisemblable que de la capitale des *Manaos*, on ait forgé la ville de *Manoa*. Je ne m'arrête point à chercher dans *Mara-hi* ou *Para-hi* l'étymologie de *Parime*. Je m'en tiens aux faits constants. Les *Manaos* ont eu dans ce canton une peuplade considérable ; les *Manaos* étoient voisins d'un grand Lac & même de plusieurs grands Lacs, car ils sont très fréquents dans un pays bas & sujet aux inondations. Les *Manaos* tiroient de l'or de l'*Yquiari*, & en faisoient de petites lames : voilà des faits vrais, qui ont pû à l'aide de l'exagération, donner lieu à la fable de la ville de *Manoa* & du *Lac doré*. Si l'on trouve qu'il y a encore bien loin

Conjecture sur la fable de Manoa & du lac doré.

des petites lames d'or des *Manaos*, aux toits d'or de la ville de *Manoa*, & qu'il n'y a pas moins loin des paillettes de ce Métal, dérobées des mines par les eaux de l'*Yquiari*, au fable d'or de *Parime*; on ne peut nier que d'une part l'avidité & la préoccupation des Européens qui vouloient à toute force trouver ce qu'ils cherchoient, & de l'autre le génie menteur & exagératif des Indiens intéressés à écarter des hôtes incommodes, ont pû facilement rapprocher des objets si éloignés en apparence, les altérer & les défigurer au point de les rendre méconnoissables. L'histoire des découvertes du nouveau monde, fournit plus d'un exemple de pareilles métamorphoses.

Nouveau voyage pour découvrir le lac de Parime.

J'ai entre les mains un extrait de Journal & une ébauche de Carte du voyageur *, vraisemblablement le

* Nicolas Hortsman, natif de Hildesheim.

plus moderne de ceux qui se sont jamais entêtés de cette découverte. Il m'a été communiqué au *Para*, par l'auteur même, qui en l'année 1740. remonta la riviere d'*Essequebe*, dont l'embouchure dans l'Océan est entre la riviere de *Surinam* & l'*Orinoque*. Après avoir traversé des lacs & de vastes campagnes, tantôt traînant, tantôt portant son canot, avec des peines & des fatigues incroyables, & sans avoir rien trouvé de ce qu'il cherchoit, il parvint enfin à une riviere qui coule au Sud, & par laquelle il descendit dans *Rio Negro*, où elle entre du côté du Nord. Les Portugais lui ont donné le nom de riviere *Blanche*, & les Hollandois d'*Essequebe* celui de *Parima*; sans doute parce qu'ils ont cru qu'elle conduisoit au lac *Parime*, comme le même nom a été donné à *Cayenne* à une autre riviere, par une raison semblable. Au reste on croira, si l'on veut, que le lac *Parime* est un de ceux que traversa le voyageur que je viens de citer ; mais il leur avoit trouvé si peu de ressemblance au portrait qu'il s'étoit fait du *Lac doré*, qu'il m'a paru très-éloigné d'applaudir à cette conjecture.

Août 1743.

Les eaux claires & cryſtallines de la riviere *Noire* avoient à peine perdu leur tranſparence en ſe mêlant avec les eaux blanchâtres & troubles de l'*Amazone*, lorſque nous rencontrâmes du côté du Sud la premiere embouchure d'une autre riviere qui ne céde guère à la précédente, & qui n'eſt pas moins fréquentée des Portugais. Ceux-ci l'ont nommée *Rio* de la *Madera* ou *riviere du Bois*, peut-être à cauſe de la quantité d'arbres qu'elle charrie dans le tems de ſes débordements. C'eſt aſſez pour donner une idée de l'étendue de ſon cours, de dire qu'ils l'ont remontée en 1741.

Riviere de la Madera ou du Bois.

jusqu'aux environs de *Santa Cruz de la Sierra*, ville épiscopale du haut *Pérou*, située par 17 degrés & demi de Latitude Auſtrale. Cette riviere porte le nom de *Mamore*, dans ſa partie ſupérieure, où ſont les Miſſions des *Moxes* dont les Jéſuites de la province de *Lima* ont donné une Carte en 1713. qui a été inſérée dans le *t. XII des Lettres édifiantes & curieuſes*: mais la ſource la plus éloignée de la *Madera* eſt voiſine des mines du *Potoſi*, & peu diſtante de l'origine du *Pilcomayo*, qui va ſe jetter dans le grand Fleuve de la *Plata*.

L'*Amazone* au-deſſous de la riviere *Noire* & de la *Madera*, a communément une lieue de large; quand elle forme des iſles, elle en a quelquefois deux & trois, & dans le tems des inondations, elle n'a plus de limites. C'eſt ici que les Portugais du *Para*, commencent à lui donner le nom de riviere des *Amazones*; plus haut ils ne

Août 1743.

Largeur de l'Amazone.

Lieu où elle commence à porter ce nom.

la connoissent que sous celui de *Rio de Solimoes*, riviere des poisons, nom qui lui a probablement été donné à cause des fléches empoisonnées dont nous avons parlé, qui sont l'arme la plus ordinaire des habitans de ses bords.

<small>Riviere des Amazones proprement dite.</small>

Le 28. nous laissâmes à main gauche la riviere de *Jamundas*, que le P. *d'Acuña* nomme *Cunuris*, & prétend être celle où *Orellana* fut attaqué par ces femmes guerrieres, qu'il appella *Amazones*. Un peu au-dessous nous prîmes terre du même côté au pied du Fort Portugais de *Pauxis*, où le lit du Fleuve est resserré dans un détroit de 905 toises de large. Le flux & le reflux de la Mer parvient jusqu'à ce détroit, du moins il y est sensible par le gonflement des eaux du Fleuve, qui s'y fait remarquer de douze en douze heures, & qui retarde chaque jour comme sur les cô-

<small>Détroit de Pauxis, Fort Portugais.</small>

<small>Les marées y sont sensibles.</small>

tes. La plus grande hauteur du flux que j'ai mesurée au *Para*, n'étant guère que de dix pieds & demi dans les grandes marées, il s'ensuit que le Fleuve, depuis *Pauxis* jusqu'à la Mer, c'est-à-dire sur deux cens & tant de lieues de cours, ou trois cens soixante lieues, selon le P. *d'Acuña*, ne doit avoir guère plus de dix pieds & demi de pente ; ce qui s'accorde avec la hauteur du Mercure, que je trouvai au Fort de *Pauxis*, 14 toises au-dessus du niveau de l'eau, d'environ une ligne un quart moindre qu'au *Para*, au bord de la Mer.

On conçoit bien que le flux qui se fait sentir au Cap de *Nord*, à l'embouchure de la riviere des *Amazones*, ne peut parvenir au détroit de *Pauxis*, à 200 & tant de lieues de la mer ; qu'en plusieurs jours, au-lieu de cinq ou six heures, qui est le tems ordinaire que la mer emploie

A plus de 200 lieues de la Côte.

Progrès des Marées par ondulations.

à remonter. Et en effet depuis la Côte jusqu'à *Pauxis*, il y a une vingtaine de *parages* qui désignent, pour ainsi dire, les journées de la marée, en remontant le Fleuve. Dans tous ces endroits l'effet de la haute mer se manifeste à la même heure que sur la Côte ; & supposant, pour plus de clarté, que ces différents parages sont éloignés l'un de l'autre d'environ douze lieues, le même effet des marées se fera remarquer dans leurs intervalles à toutes les heures intermédiaires, à sçavoir dans la supposition des douze lieues, une heure plus tard de lieue en lieue, en s'éloignant de la mer. Il en est de même du reflux aux heures correspondantes. Au surplus, tous ces mouvements alternatifs, chacun en son lieu, sont sujets aux retardemens journaliers, comme sur les Côtes. Cette espéce de marche des marées par ondulations a vraisemblablement lieu en pleine mer, & il paroît qu'elle doit retarder de plus en plus, depuis le point où commence le refoulement des eaux jusques sur les Côtes. La proportion dans laquelle décroît la vîtesse des marées en remontant dans le Fleuve, deux courants opposés qu'on remarque dans le tems du flux, l'un à la surface de l'eau, l'autre à quelque profondeur; deux autres, dont l'un remonte le long des bords du Fleuve & s'accélère; tandis que l'autre au milieu du lit de la riviere, descend & retarde; enfin deux autres courants opposés qui se rencontrent souvent dans le voisinage de la mer dans des canaux de traverse naturels, où le flux entre à la fois par deux côtés opposés: tous ces faits dont j'ignore que plusieurs aient été observés, leurs différentes combinaisons, divers autres accidens des marées, sans doute plus fréquents & plus

Divers accidents des Marées.

variés qu'ailleurs dans un Fleuve où elles remontent vraisemblablement à une plus grande distance de la mer qu'en aucun autre endroit du monde connu, donneroient lieu sans doute à des remarques curieuses & peut-être nouvelles : mais pour donner moins à la conjecture, il faudroit une suite d'observations exactes ; ce qui demanderoit un long séjour dans chaque lieu, & un délai qui ne convenoit guère à la juste impatience où j'étois de revoir la *France* après une absence qui avoit déja duré près de neuf ans. Je n'ai pas laissé d'examiner aux environs du *Para* & dans le voisinage du Cap de *Nord*, un autre Phénoméne des grandes marées, plus singulier que tous les précédents ; j'en parlerai en son lieu.

Nous fûmes reçûs à *Pauxis*, comme nous l'avions été par-tout depuis que nous voyagions sur les terres de

des Amazones.

Portugal. Le Commandant * nous tint au Fort quatre jours, & un jour à sa maison de Campagne; il nous accompagna ensuite jusqu'à la forteresse de *Curupa*, six à sept journées au-dessous de *Pauxis*, & à moitié chemin du *Para*. Les ordres les plus précis de sa Majesté Portugaise & les plus favorables pour la sûreté & la commodité de mon passage, m'avoient devancé en tous lieux: ils s'étendoient à tous ceux qui m'accompagnoient, & j'ai dû les agréments que ces ordres m'ont procuré sur ma route & au *Para*, à un Ministre qui aime les Sciences & qui en connoît l'utilité; le même dont la vigilance ne s'étoit point lassée de pourvoir à tous les besoins de notre nombreuse compagnie pendant notre long séjour à *Quito*.

En moins de seize heures de marche, nous nous rendîmes de *Pau-*

Août 1743.

Ordres de la Cour de Portugal.

Riviere & Fort Portugais de Topayos.

_____
* El Capitam Manuel Maziel Parente.

xis à la forteresse de *Topayos*, à l'entrée de la riviere du même nom; celle-ci est encore une des rivieres du premier ordre. Elle descend des mines du *Brésil*, en traversant des pays inconnus habités par des nations Sauvages & guerrieres, que les Missionnaires Jésuites travaillent à apprivoiser.

Nation de Tupinambas.

Des débris du bourg de *Tupinambara*, situé autrefois dans une grande isle, à l'embouchure de la riviere de la *Madera*, s'est formé celui de *Topayos*, & ses habitans sont presque tout ce qui reste de la vaillante nation des *Tupinambas*, dominante il y a deux siécles dans le *Brésil*, où ils ont laissé leur langue. On peut voir leur histoire & leurs longues pérégrinations dans la relation du P. *d'Acuña*.

Pierres vertes, dites Pierres d'Amazones.

C'est chez les *Topayos*, qu'on trouve aujourd'hui, plus aisément que partout ailleurs, de ces pierres vertes, connues sous le nom de *Pierres* des *Amazones*, dont on ignore l'origine, & qui ont été fort recherchées autrefois, à cause des vertus qu'on leur attribuoit, de guérir de la Pierre, de la Colique néphrétique & de l'Epilepsie *. Il y en a eu un traité imprimé sous le nom de *Pierre Divine*. La vérité est qu'elles ne différent, ni en couleur, ni en dureté *du Jade* Oriental ; elles résistent à la lime, & on n'imagine pas par quel artifice les anciens *Américains* ont pû les tailler & leur donner diverses figures d'animaux. C'est sans doute ce qui a donné lieu à une fable, peu digne d'être réfutée. On a débité fort sérieusement que cette pierre n'étoit autre que le limon de la riviere, auquel on donnoit la forme qu'on désiroit en le paîtris-

Taillées par les Indiens, sans fer ni acier.

* V. Lett. 23. de *Voiture* à Mlle. *Paulet*. Dissert. sur la riviere des *Amazones*, qui précede la traduction de la Relation du P. *d'Acuña*. Voyage aux isles de l'Amérique par le P. *Labat*.

fant quand il étoit récemment tiré, & qui acquéroit enfuite à l'air cette extrême dureté. Quand on accorderoit gratuitement cette merveille, dont quelques gens crédules ne fe font défabufés qu'après avoir effayé inutilement un procédé fi fimple, il refteroit un autre problême de même efpéce à propofer à nos Lapidaires. Ce font des Emeraudes arrondies, polies & percées de deux trous coniques, diamétralement oppofés fur un axe commun, telles qu'on en trouve encore aujourd'hui au *Pérou* fur les bords de la riviere de *S. Iago*, dans la province d'*Efmeraldas*, à quarante lieues de *Quito*, avec divers autres monumens de l'induftrie de fes anciens habitans. Quant aux pierres vertes, elles deviennent tous les jours plus rares, tant parce que les Indiens, qui en font grand cas, ne s'en défont pas volontiers, qu'à caufe du

Emeraudes taillées.

grand nombre qui a passé en Europe.

Le 4. nous commençâmes à voir distinctement des montagnes du côté du Nord, à douze ou quinze lieues dans les terres. C'étoit un spectacle nouveau pour nous, qui depuis le *Pongo* avions navigué deux mois sans voir le moindre côteau. Ce que nous appercevions étoient les collines antérieures d'une longue chaîne de montagnes, qui s'étend de l'Ouest à l'Est, & dont les sommets font les points de partage des eaux de la *Guiane*. Celles qui prennent leur pente du côté du Nord, forment les rivieres de la côte de *Cayenne* & de *Surinam*; & celles qui coulent vers le Sud, après un cours fort peu étendu, viennent se perdre dans l'*Amazone*. C'est dans ces montagnes que se sont retirées les *Amazones* d'*Orellana*, suivant la tradition du pays. Une autre tradition qui n'est pas moins établie,

Septemb. 1743.
Montagnes & mines.

& dont on prétend avoir eu des preuves plus réelles, c'est que ces montagnes abondent en mines de divers métaux. Ce dernier point n'est cependant pas plus éclairci que l'autre, quoique d'une nature à exciter l'attention d'un plus grand nombre de Curieux.

Variation de l'Aiguille Aimantée.

Le 5. au soir j'obſervai au Soleil couchant, la variation de la Bouſſole, de 5 degrés & demi du Nord à l'Eſt. N'ayant pas trouvé où mettre pied à terre, je fis mon obſervation ſur le tronc d'un arbre déraciné, que le courant avoit pouſſé ſur le bord du Fleuve. Nous eûmes la curioſité de le meſurer, & nous trouvâmes ſa

Arbre d'une grandeur énorme.

longueur entre les racines & les branches de 84 pieds, & ſa circonférence de 24 pieds, quoiqu'il fût deſſéché & dépouillé de ſon écorce. Par celui-ci que le hazard nous fit rencontrer, par la grandeur des *Pirogues*

rogues dont j'ai parlé, creusées dans un seul tronc d'arbre, & par une table d'une seule piéce de huit à neuf pieds de long, sur quatre & demi de large, d'un bois dur & poli, que nous vîmes depuis chez le Gouverneur du *Para*; on peut juger de quelle hauteur & de quelle beauté sont les bois des bords de l'*Amazone* & de plusieurs rivieres qui tombent dans celle-ci.

Septemb. 1743.

Fort Portugais de Paru.

Le 6. à l'entrée de la nuit nous laissâmes le canal principal de l'*Amazone*, vis-à-vis du Fort de *Paru* situé sur le bord septentrional & nouvellement rebâti par les *Portugais*, sur les ruines d'un vieux Fort que les *Hollandois* y ont eu. Là, pour éviter de traverser la riviere de *Xingu* à son embouchure où il s'est perdu beaucoup de canots, nous entrâmes de l'*Amazone* dans *Xingu*, par un canal naturel de communication. Les isles qui divisent la bouche de *Xingu* en

Riviere de Xingu.

plusieurs canaux, m'empêcherent de mesurer sa largeur géométriquement; mais à la vûe elle n'a pas moins d'une lieue. C'est la même riviere que le P. *d'Acuña* nomme * *Paranaiba*, & le P. *Fritz* dans sa Carte *Aoripana*; *Xingu* est le nom *Indien* d'un village où il y a une Mission à quelques lieues en remontant la riviere. Elle descend, ainsi que celle de *Topayos*, des Mines du *Brésil*; elle a un saut, sept à huit journées au-dessus de son embouchure; ce qui ne l'empêche pas d'être navigable, en remontant pendant plus de deux mois. Ses bords abondent en deux sortes d'arbres aromatiques, l'un appellé *Cuchiri*, & l'autre *Puchiri*. Leurs fruits sont à peu près de la grosseur d'une olive; on les rape comme la noix muscade, & on s'en sert aux mêmes usages. L'écorce du premier a la saveur & l'odeur

* Les rivieres ont divers noms dans les différentes langues.

du clou de girofle, que les *Portugais* nomment *Cravo;* ce qui a fait appeller par corruption l'arbre qui produit cette écorce, bois de *Crabe*, par les *François* de *Cayenne.* Si les épiceries qui nous viennent de l'*Orient*, laiſſoient quelque choſe à déſirer en ce genre, celles-ci feroient plus connues en *Europe*. Elles entrent dans la compoſition de diverſes liqueurs fortes en *Italie* & en *Angleterre*.

Depuis la rencontre de *Xingu* avec l'*Amazone*, la largeur de celle-ci eſt ſi conſidérable, qu'elle ſuffiroit pour faire perdre de vûe un bord de l'autre, quand les grandes iſles qui ſe ſuccédent les unes aux autres permettroient à la vue de s'étendre. Là nous commençâmes à être entiérement délivrés des *Mouſtiques*, *Maringoins* & moucherons de toute eſpéce, la plus grande incommodité que nous ayons eue dans le cours de notre naviga-

Septemb. 1743.

Largeur de l'Amazone au deſſous de Xingu.

Moucherons divers.

Septemb. 1743.

tion. Ils font si insupportables, que les Indiens mêmes ne voyagent point sans un Pavillon de toile de coton, pour se mettre à l'abri pendant la nuit. Il y a des tems & des lieux, & particuliérement dans le pays des *Omaguas*, où l'on est continuellement enveloppé d'un nuage épais de ces insectes volants, dont les piquûres causent une démangeaison excessive. C'est un fait constant & digne de remarque, que depuis l'embouchure de *Xingu*, il ne s'en trouve plus, du moins à peine en voit-on sur la rive droite de l'*Amazone*, en descendant, tandis que le bord opposé en est continuellement infesté. Après avoir réfléchi, & examiné la situation des lieux, j'ai jugé que cette différence étoit produite par le changement de direction du cours de la riviere en cet endroit. Elle tourne au Nord, & le vent d'Est

Terme fixe où cesse l'incommodité des moucherons.

qui y est presque continuel, doit porter ces insectes sur la rive Occidentale.

Nous arrivâmes le 9. au matin à la Forteresse Portugaise de *Curupa*, bâtie par les *Hollandois*, lorsqu'ils étoient les maîtres du *Brésil*. Le Lieutenant de Roi * nous reçut avec des honneurs extraordinaires. Les trois jours de notre séjour furent une fête continuelle, & il nous traita avec une magnificence qui visoit à la profusion, & que le pays ne sembloit pas promettre. *Curupa* est une petite ville Portugaise, où il n'y a d'autres Indiens que les esclaves des habitans. Elle est dans une situation agréable, dans un terrein élevé, sur le bord Austral du Fleuve, à huit journées au-dessus du *Para*.

Depuis *Curupa* où le flux & reflux deviennent très-sensibles, les bateaux ne marchent plus qu'à la faveur des

Septemb. 1743.
Curupa, ville Portugaise & Forteresse.

Navigation par les Marées.

* El Capitam mor Joseph de Souza e Menezes.

marées. Quelques lieues au-deſſous de cette place, un petit bras de l'Amazone, appellé *Tagipuru*, ſe détache du grand canal qui tourne au Nord, & prenant une route toute oppoſée vers le Sud, il embraſſe la grande iſle de *Joanes* ou de *Marayo*, défigurée dans toutes les Cartes; delà il revient au Nord par l'Eſt, décrivant un demi-cercle, & bientôt il ſe perd, pour ainſi dire, dans une mer formée par le concours de pluſieurs grandes rivieres, qu'il rencontre ſucceſſivement. Les plus conſidérables ſont premierement *Rio de dos Bocas*, ou riviere des deux Bouches, formée de la rencontre des rivieres de *Guanapu* & de *Pacajas*, large de plus de deux lieues à ſon embouchure, & que toutes les anciennes Cartes nomment, ainſi que *Laet*, riviere du *Para*. En ſecond lieu, la riviere des *Tocantins*, plus large encore que la précédente,

Septemb. 1743.

Tagipuru, bras détourné qui conduit au Para.

Riviere de dos Bocas.

Des Tocantins.

& qui se remonte plusieurs mois, descendant comme *Topayos* & *Xingu*, des mines du *Brésil*, dont elle apporte quelques fragments parmi son sable; & enfin la riviere de *Muju*, que j'ai trouvée, à deux lieues au-dedans des terres, large de 749 toises, & sur laquelle nous rencontrâmes une Frégate de *sa Majesté Portugaise*, qui remontoit à voiles déployées, pour aller chercher, plusieurs lieues plus haut, des bois de Menuiserie, rares & précieux par-tout ailleurs. C'est sur le bord Oriental de *Muju* qu'est située la ville du *Para*, immédiatement au-dessous de l'embouchure de la riviere de *Capim*, qui vient d'en recevoir une autre appellée *Guama*. Il n'y a que la vûe d'une Carte qui puisse donner une idée distincte de la position de cette ville, sur le concours de tant de rivieres, & faire connoître que ce n'est pas sans fon-

De Muju.

Situation de la ville du Para.

dement que fes habitans font fort éloignés de fe croire fur le bord de l'*Amazone*, dont il eft vraifemblable qu'une feule goute ne baigne pas le pied des murailles de leur ville; à peu près comme on peut dire que les eaux de la *Loire* n'arrivent pas à *Paris*, quoique la *Loire* communique avec la *Seine* par le canal de *Briare*. En effet il y a lieu de croire que la grande quantité d'eaux courantes qui féparent la terre ferme du *Para* d'avec l'ifle de *Joanes* ne feroit pas diminuée fenfiblement, quand la communication de ces eaux avec l'*Amazone* feroit interceptée par l'obftruction ou la déviation du petit bras de ce Fleuve, qui vient, pour ainfi dire, prendre poffeffion de toutes ces rivieres, en leur faifant perdre leur nom. Tout ceci ne fera, fi l'on veut, qu'une queftion de nom; & je ne laifferai pas de dire, pour m'accommoder

des Amazones. 153

au langage reçu, que le *Para* est sur l'embouchure Orientale de la riviere des *Amazones* : il suffit d'avoir expliqué comment cela se doit entendre.

Je fus conduit de *Curupa* au *Para*, sans être consulté sur le choix de ma route, entre des isles, par des canaux étroits & remplis de détours qui traversent d'une riviere à l'autre, & par le moyen desquels on évite le danger de les traverser à leur embouchure. Ce qui faisoit ma sûreté, & ce qui eût fait de plus la commodité d'un autre Voyageur, devenoit extrêmement incommode pour moi, dont le but principal étoit la construction de ma Carte. Il me fallut redoubler d'attention, pour ne pas perdre le fil de mes routes dans ce *Dédale* tortueux d'isles & de canaux sans nombre.

Septemb. 1743.

Route de Curupa au Para.

Je n'ai point encore parlé des poissons singuliers, qui se rencon-

Animaux du pays.

trent dans l'*Amazone*, ni des différentes espéces d'animaux rares qu'on voit sur ses bords. Cet article seul fourniroit la matiere d'un ouvrage, & cette seule étude demanderoit un voyage exprès, & un voyageur qui n'eût d'autre occupation. Je ne ferai mention que de quelques-uns des plus singuliers.

POISSONS.

Lamentin ou Poisson Bœuf.

Je dessinai à S. *Paul* d'*Omaguas*, d'après nature, le plus grand des poissons connus d'eau douce, à qui les Espagnols & les Portugais ont donné le nom de *Vache marine*, ou de *Poisson Bœuf*, qu'il ne faut pas confondre avec le *Phoca* ou *Veau marin*. Celui dont il est question, paît l'herbe des bords de la riviere : sa chair & sa graisse ont assez de rapport à celles du veau. La femelle a des mammelles qui lui servent à allaiter ses petits. Quelques-uns ont rendu la ressemblance avec le Bœuf encore plus complette, en attribuant à ce poisson des cornes dont la nature ne l'a pas pourvû. Il n'est pas amphibie, à proprement parler, puisqu'il ne sort jamais de l'eau entierement, & n'en peut sortir, n'ayant que deux nâgeoires assez près de la tête, en forme d'aîlerons de 16 pouces de long, qui lui tiennent lieu de bras & de pieds; il ne fait qu'avancer sa tête hors de l'eau, pour atteindre l'herbe sur le rivage. Celui que je dessinai étoit femelle, sa longueur étoit de sept pieds & demi de Roi, & sa plus grande largeur de deux pieds : j'en ai vû depuis de plus grands. Les yeux de cet animal n'ont aucune proportion à la grandeur de son corps ; ils sont ronds, & n'ont que trois lignes de diamétre ; l'ouverture de ses oreilles est encore plus petite, & ne paroît qu'un trou d'épingle. Quelques-uns ont cru ce poisson particulier à la riviere des

Amazones ; mais il n'eſt pas moins commun dans l'*Orinoque*. Il ſe trouve auſſi, quoique moins fréquemment, dans l'*Oyapoc* & dans pluſieurs autres rivieres des environs de *Caienne* & de la côte de la *Guyane*, & vraiſemblablement ailleurs. C'eſt le même qu'on nomme *Lamentin* à *Cayenne* & dans les *Iſles Françoiſes* d'*Amérique* ; mais je crois l'eſpéce un peu différente. Il ne ſe rencontre pas en haute Mer, il eſt même rare près des embouchures des rivieres, mais on le trouve à plus de mille lieues de la Mer, dans la plûpart des grandes rivieres qui deſcendent dans celle des *Amazones*, comme dans le *Guallaga*, le *Paſtaça*, &c. Il n'eſt arrêté dans l'*Amazone*, que par le *Pongo* de *Borja* dont nous avons parlé ; mais cette barriere n'eſt pas un obſtacle pour un

Le Mixano. autre poiſſon appellé *Mixano*, auſſi petit que l'autre eſt grand, & dont plusieurs ne sont pas si longs que le doigt. Ils arrivent tous les ans à *Borja* en foule quand les eaux commencent à baisser vers la fin de Juin. Ils n'ont rien de singulier que la force avec laquelle ils remontent contre le courant. Comme le lit étroit de la riviere les rassemble nécessairement près du détroit, on les voit traverser en troupes d'un bord à l'autre, & vaincre alternativement sur l'un ou sur l'autre rivage la violence avec laquelle les eaux se précipitent dans ce canal étroit. On les prend à la main, quand les eaux sont basses, dans les creux des rochers du *Pongo*, où ils se reposent pour reprendre des forces, & dont ils se servent comme d'échellons pour remonter.

J'ai vû aux environs du *Para*, une espéce de *Lamproie*, dont le corps comme celui de la *Lamproie* ordinaire, est percé d'un grand nombre d'ou-

Sorte de Lamproie.

vertures, mais qui a de plus la même propriété que la *Torpille* ; celui qui la touche avec la main, ou même avec un bâton, reſſent un engourdiſſement douloureux dans le bras, & quelquefois en eſt, dit-on, renverſé. Je n'ai pas été témoin de ce dernier fait. M. *de Reaumur* a développé le myſtère du reſſort caché qui produit cet effet ſurprenant dans la *Torpille*. *

Tortues. Les *Tortuës* de l'*Amazone*, ſont fort recherchées à *Cayenne*, comme plus délicates que toutes les autres. Il y en a ſur ce Fleuve de diverſes grandeurs & de diverſes eſpéces, & en ſi grande abondance, qu'elles ſeules & leurs œufs pourroient ſuffire à la nourriture des habitans de ſes bords. Il y en a auſſi de terre qui ſe nomment *Jabutis* dans la langue du *Bréſil*, & qu'on préfere au *Para* aux autres eſpéces. Toutes ſe conſervent, & ſur-

* Voyez Mémoires de l'Acad. de l'Année 1714.

tout ces dernieres, plusieurs mois hors de l'eau sans aliments sensibles.

La Nature semble avoir favorisé la paresse des Indiens, & avoir été au-devant de leurs besoins : les Lacs & les Marais qui se rencontrent à chaque pas sur les bords de l'*Amazone* & quelquefois bien avant dans les terres, se remplissent de poissons de toutes sortes, dans le tems des crûes de la riviere, & lorsque les eaux baissent, ils y demeurent renfermés comme dans des étangs ou réservoirs naturels, où on les pêche avec la plus grande facilité. *Pêche à discrétion.*

Dans la province de *Quito*, dans les divers pays traversés par l'*Amazone*, au *Para* & à *Cayenne*, on trouve plusieurs espéces de plantes, différentes de celles qui sont connues en Europe, & dont les feuilles ou les racines jettées dans l'eau, ont la propriété d'enivrer le poisson. En cet *Herbes qui enivrent le poisson.*

état il flotte fur l'eau, & on le peut prendre à la main. Les Indiens, par le moyen de ces plantes & des paliſſades avec leſquelles ils barrent l'entrée des petites rivieres, pêchent autant de poiſſon qu'ils en veulent : ils le font fumer ſur des claies, pour le conſerver : ils emploient rarement le ſel à cet uſage; cependant ceux de *Maynas* tirent du ſel foſſile d'une montagne voiſine des bords du *Guallaga* ; les Indiens ſujets des Portugais le tirent du *Para*, où l'on en apporte d'*Europe*.

Crocodiles.

Les *Crocodiles* ſont fort communs dans tout le cours de l'*Amazone* & même dans la plûpart des rivieres que l'*Amazone* reçoit. Il s'en trouve quelquefois de 20. pieds de long; peut-être y en a-t-il de plus grands. J'en avois déja vû un grand nombre ſur la riviere de *Guayaquil*. Ils reſtent des heures & des journées entieres ſur la vaſe, étendus au Soleil

leil & immobiles ; on les prendroit pour des troncs d'arbres ou de longues piéces de bois, couvertes d'une écorce raboteufe & defféchée. Comme ceux des bords de l'*Amazone* font moins chaffés & moins pourfuivis, ils craignent peu les hommes. Dans le tems des inondations ils entrent quelquefois dans les cabanes d'Indiens ; & il y a plus d'un exemple que cet animal féroce a enlevé un homme d'un canot, à la vûe de fes camarades, & l'a dévoré, fans qu'il pût être fecouru.

Le plus dangereux ennemi du *Crocodile*, & peut-être l'unique qui ofe entrer en lice avec lui, c'eft le *Tigre*. Ce doit être un fpectacle rare que leur combat, dont la vûe ne peut guère être que l'effet d'un heureux hazard. Voici ce que les Indiens en racontent. Le *Crocodile* met la tête hors de l'eau, pour faifir le *Tigre* quand il vient boire au bord de la riviére, comme

QUADRUPEDES.
Tigres.

L

le *Crocodile* attaque en pareille occasion les bœufs, les chevaux, les mulets, & tout ce qui se présente. Le *Tigre* enfonce ses griffes dans les yeux du *Crocodile*, l'unique endroit où il trouve à l'offenser, à cause de la dureté de son écaille ; mais celui-ci en se plongeant dans l'eau y entraîne le *Tigre*, qui se noie plutôt que de lâcher prise. Les *Tigres* que j'ai vû en *Amérique*, & qui y sont communs dans tous les pays chauds & couverts de bois, ne m'ont paru différer ni en beauté ni en grandeur de ceux d'*Afrique*. Il y en a une espéce dont la peau est brune sans être mouchetée. Les Indiens sont fort adroits à combattre les *Tigres* avec le sponton, ou la demi-pique, qui est leur arme ordinaire de voyage.

Lions.

Je n'ai rencontré que dans la province de *Quito*, & non sur les bords de l'*Amazone* l'animal que les Indiens du *Pérou* nomment en leur Langue *Puma*, & les Espagnols d'*Amérique*, *Lion*. Je ne sçais s'il mérite ce nom, le mâle n'a point de criniere, & il est beaucoup plus petit que les Lions Africains. Je ne l'ai pas vû vivant, mais empaillé.

Ours.

Il ne seroit pas étonnant que les *Ours*, qui n'habitent guère que les pays froids, & qu'on trouve dans plusieurs montagnes du *Pérou*, ne se rencontrassent point dans les bois du *Marañon*, dont le climat est si différent; cependant j'y ai entendu faire mention d'un animal appellé *Ucumari*, & c'est précisément le nom Indien de l'*Ours* dans la langue du *Pérou*; je n'ai pû m'assurer si l'animal est le même.

Elan.

L'*Elan* qui se rencontre dans quelques cantons boisés de la Cordeliere de *Quito*, n'est pas rare dans les bois de l'*Amazone*, ni dans ceux de la *Guia-*

L ij

ne. Je donne ici le nom d'*Elan* à l'animal que les *Espagnols* & les *Portugais* connoissent sous le nom de *Danta*; on le nomme *Uagra* dans la langue du *Pérou*; *Tapiira* dans celle du *Brésil*, *Maypouri* dans la langue *Galibi* sur les côtes de la *Guiane*. Comme la terre ferme voisine de l'isle de *Cayenne* fait partie du Continent que traverse l'*Amazone*, & est contigue aux terres arrosées par ce Fleuve, on trouve dans l'un & dans l'autre pays la plûpart des mêmes animaux.

Coati.
J'ai dessiné en passant chez les *Yameos*, une espéce de *Bellette* qui se familiarise aisément: je ne pûs ni prononcer ni écrire le nom qu'on me dit qu'elle portoit; je l'ai retrouvée depuis aux environs du *Para* où on la nomme *Coati*, dans la langue du *Brésil*. *Laet* en fait mention.

Singes, Sapajous Sahuins.
Les *Singes* sont le gibier le plus ordinaire, & le plus du goût des Indiens de l'*Amazone*. Dans tout le

cours de ma navigation sur ce Fleuve, j'en ai tant vû, & j'ai oüi parler de tant d'espéces différentes, que la seule énumération en seroit longue. Il y en a d'aussi grands qu'un lévrier, & d'autres aussi petits qu'un rat ; je ne parle pas de la petite espéce connue sous le nom de *Sapajoux*, mais d'autres plus petits encore, difficiles à apprivoiser, dont le poil est long, lustré, ordinairement couleur de marron, & quelquefois moucheté de fauve. Ils ont la queue deux fois aussi longue que le corps, la tête petite & quarrée, les oreilles pointues & saillantes comme les chiens & les chats, & non comme les autres Singes, avec lesquels ils ont peu de ressemblance, ayant plutôt l'air & le port d'un petit lion. On les nomme *Pinchés* à *Maynas*, & à *Cayenne*, *Tamarins*. J'en ai eu plusieurs que je n'ai pû conserver ; ils sont de l'espéce appellée *Sahuins* dans la langue du *Bréfil*, & par corruption en François *Sagoins* ; *Laet* en parle & cite l'*Ecluſe* & *Lery*. Celui dont le Gouverneur du *Para* m'avoit fait préfent, étoit l'unique de fon efpéce qu'on eût vû dans le pays ; le poil de fon corps étoit argenté, & de la couleur des plus beaux cheveux blonds ; celui de fa queue étoit d'un marron luftré, approchant du noir. Il avoit une autre fingularité plus remarquable ; fes oreilles, fes joues, & fon mufeau étoient teints d'un vermillon fi vif, qu'on avoit peine à fe perfuader que cette couleur fût naturelle. Je l'ai gardé pendant un an, & il étoit encore en vie, lorfque j'écrivois ceci prefque à la vûe des côtes de France, où je me faifois un plaifir de l'apporter vivant. Malgré les précautions continuelles que je prenois pour le préferver du froid, la rigueur de la faifon l'a vraifemblablement fait mourir. Comme je n'ai eu aucune commodité sur le vaisseau pour le mettre sécher au four, de la maniere que M. *de Réaumur* a imaginée pour conserver les oiseaux, tout ce que j'ai pû faire a été de le conserver dans l'eau de vie ; ce qui suffira peut-être pour faire voir que je n'ai rien exagéré dans cette description.

Il y a encore plusieurs autres animaux rares ; mais dont la plûpart ont été décrits, & se rencontrent en diverses parties de l'*Amérique*, tels que diverses espéces de sangliers & de lapins, le *Pac*, le *Fourmilier*, le *Porc-Epic*, le *Paresseux*, le *Tatou*, ou *Armadille*, & beaucoup d'autres dont j'ai dessiné quelques-uns, ou dont les desseins exécutés par M. *de Morainville*, sont restés entre les mains de M. *Godin*

Il n'est pas étonnant que dans des pays aussi chauds & aussi humides

Reptiles.
Serpents.

que ceux dont nous parlons les Serpents & les Couleuvres de tout genre soient communs. J'ai lû, dans je ne sçai quelle relation, que tous ceux de l'*Amazone* sont sans venin : il est certain que quelques-uns ne sont nullement malfaisants ; mais les morsures de plusieurs sont presque toujours mortelles. Un des plus dangereux, est le *Serpent* à *Sonnette*, ou à *Grelot*, qui est assez connu. Telle est encore la couleuvre appellée *Coral*, remarquable par la variété & la vivacité de ses couleurs ; mais le plus rare & le plus singulier de tous, est un grand Serpent amphibie de vingt-cinq à trente pieds de long, & de plus d'un pied de grosseur, à ce qu'on assûre, que les Indiens *Maynas* appellent *Yacu Mama*, ou *Mere de l'eau*, & qui, dit-on, habite ordinairement ces grands lacs, formés par l'épanchement des eaux du Fleuve au-dedans des terres. On en raconte des faits dont je douterois encore, si je croyois les avoir vûs, & que je ne me hazarde à répéter ici que d'après l'Auteur récent déja cité de l'*Orinoque illuſtré*, qui les rapporte fort férieuſement. Non-ſeulement, ſelon les Indiens, cette monſtrueuſe Couleuvre engloutit un chevreuil tout entier ; mais ils affirment qu'elle attire invinciblement par ſa reſpiration les animaux qui l'approchent, & qu'elle les dévore. Divers *Portugais du Para* entreprirent de me perſuader des choſes preſque auſſi peu vraiſemblables, de la maniere dont une autre groſſe Couleuvre tue les hommes avec ſa queue. Je ſoupçonne que c'eſt la même eſpéce qui ſe trouve dans les bois de *Cayenne*. Là tout ſon merveilleux ſe réduit à un fait confirmé par expérience ; c'eſt qu'on peut en être mordu & en porter les marques ſans danger ; quoique ses dents soient bien propres à inspirer la terreur : j'en ai apporté deux peaux, dont une n'a guère moins de quinze pieds de longueur, toute desséchée qu'elle est, & a plus d'un pied de large. Sans doute, il y en a de plus grandes. Je suis redevable de ces peaux & de diverses autres curiosités d'Histoire naturelle aux PP. Jésuites de *Cayenne*, à M. de *Lille Adam*, Commissaire de la Marine, à M. *Artur* Médecin du Roi, & à plusieurs Officiers de la garnison.

<small>Ver qui croît dans la chair.</small> Le ver appellé chez les *Maynas Suglacuru*, & à *Cayenne* ver *Macaque*, prend son accroissement dans la chair des animaux & des hommes ; il y croît jusqu'à la grosseur d'une féve, & cause une douleur insupportable ; il est assez rare. J'ai dessiné à *Cayenne* l'unique que j'ai vû, & j'ai conservé le ver même dans l'esprit de vin ; on dit qu'il naît dans la plaie fai-

te par la piquûre d'une forte de Mouftique ou de Maringoin; mais jufqu'ici l'animal qui dépofe l'œuf, n'eft pas encore connu.

Les Chauve-Souris, qui fucent le fang des chevaux, des mulets & même des hommes, quand ils ne s'en garantiffent pas en dormant à l'abri d'un pavillon, font un fléau commun à la plûpart des pays chauds de l'*Amérique*. Il y en a de monftrueufes pour la groffeur ; elles ont entierement détruit à *Borja* & en divers autres endroits le gros bétail que les Miffionnaires y avoient introduit, & qui commençoit à s'y multiplier.

Chauve-Souris.

La quantité des différentes efpéces d'Oifeaux dans les forêts du *Marañon*, paroît plus grande encore que celle des Quadrupédes. On remarque qu'il n'y en a prefque aucun qui ait le chant agréable : c'eft principalement par l'éclat & par la diverfité

Oiseaux

des couleurs de leurs plumages qu'ils se font remarquer. Rien n'égale la beauté des plumes du *Colibri*, dont plusieurs Auteurs ont parlé, & qui se trouve en *Amérique* dans toute la *Zone Torride*. Je remarquerai seulement que quoiqu'il passe communément pour n'habiter que les pays chauds, je n'en ai vû nulle part en plus grande quantité, que dans les jardins de *Quito*, dont le climat tempéré approche plus du froid que de la grande chaleur. Le *Toucan*, dont le bec rouge & jaune est monstrueux à proportion de son corps, & dont la langue qui ressemble à une plume déliée, passe pour avoir de grandes vertus, n'est pas non plus particulier au pays dont je parle. Les espéces de *Perroquets* & d'*Aras* différents en grandeur, en couleur & en figure, sont sans nombre ; les plus rares parmi les *Perroquets*, sont ceux qui sont entierement jaunes,

Colibri.

Toucan.

Perroquets
& Aras.

avec un peu de vert à l'extrémité des aîles. Je n'en ai vû qu'au *Para* deux de cette sorte. On n'y connoît point l'espéce grise qui a le bout des aîles couleur de feu, & qui est si commune en *Guinée*.

Les *Maynas*, les *Omaguas* & divers autres Indiens font quelques ouvrages de plumes ; mais qui n'approchent pas de l'art, ni de la propreté de ceux des *Mexicains*.

Ouvrages de plumes.

Les Indiens des bords de l'*Oyapoc* ont l'adresse de procurer artificiellement aux Perroquets des couleurs naturelles, différentes de celles qu'ils ont reçues de la nature, en leur tirant les plumes, & en les frottant avec du sang de certaines Grenouilles ; c'est là ce qu'on appelle à *Cayenne*, *tapirer un Perroquet* : peut-être le secret ne consiste-t-il qu'à mouiller de quelque liqueur âcre l'endroit qui a été plumé ; peut-être même n'est-il

Oiseaux peints artificiellement.

besoin d'aucun apprêt, & c'est une expérience à faire. En effet il ne paroît pas plus extraordinaire de voir dans un oiseau renaître des plumes rouges ou jaunes, au lieu des vertes qui lui ont été arrachées, que de voir repousser du poil blanc en la place du noir sur le dos d'un cheval qui a été blessé.

Cahuitahu. Entre plusieurs oiseaux singuliers, j'en ai vû un au *Para* de la grandeur d'une Oie, dont le plumage n'a rien de remarquable; mais dont le haut des aîles est armé d'un ergot ou corne très-aigue, semblable à une grosse épine d'un demi-pouce de long. Il a de plus au-dessus du bec une autre petite corne déliée & flexible, de la longueur du doigt; il se nomme *Cahuitahu* dans la Langue Brasilienne, d'un nom qui imite son cri.

Oiseau Trompette. L'oiseau appellé *Trompetero* par les

Espagnols dans la province de *May-nas*, est le même qu'on nomme *Agami* au *Para* & à *Cayenne*. Il est fort familier, & n'a rien de particulier que le bruit qu'il fait quelquefois, qui lui a fait donner le nom d'oiseau *Trompette*. C'est mal à propos que quelques-uns ont pris ce son pour un chant, ou pour un ramage. Il paroît qu'il se forme dans un organe tout différent, & précisément opposé à celui de la gorge.

Le fameux oiseau appellé au *Pérou Contur*, & par corruption *Condor*, que j'ai vû en plusieurs endroits des montagnes de la province de *Quito*, se se trouve aussi, si ce qu'on m'a assûré est vrai, dans les pays bas des bords du *Marañon*. J'en ai vû planer au-dessus d'un troupeau de moutons. Il y a apparence que la vûe du Berger les empêchoit de rien entreprendre. C'est une opinion universelle-

Condor.

ment répandue que cet oiseau enléve un Chevreuil, & qu'il a quelquefois fait sa proie d'un enfant. On prétend que les Indiens lui présentent pour appât une figure d'enfant d'une argile très-visqueuse, sur laquelle il fond d'un vol rapide, & qu'il y engage ses serres de maniere qu'il ne lui est plus possible de s'en dépêtrer.

Septemb. 1743. Arrivée au Para.

Le 19. de Septembre, près de quatre mois après mon départ de *Cuenca*, j'arrivai à la vûe du *Para*, que les Portugais nomment le *grand Para*, c'est-à dire, la *grande riviere* dans la langue du *Brésil* ; nous prîmes terre à une habitation dépendante du Collége des PP. Jésuites. Le Provincial* nous y reçut, & le Recteur ** nous y retint huit jours, & nous y procura tous les amusements de la campa-

* Le R. P. Joseph de Souza.
** Le R. P. Jean Ferreyra.

gne,

gne, tandis qu'on nous préparoit un logement dans la ville. Nous trouvâmes le 27. en arrivant au *Para* une maison commode & richement meublée, avec un jardin d'où l'on découvroit l'horison de la mer, & dans une situation telle que je l'avois desirée, pour la commodité de mes observations. Le Gouverneur * & Capitaine général de la Province nous fit un accueil auquel avoient dû nous préparer les ordres qu'il avoit donnés sur notre passage, aux Commandans des Forteresses, & ses recommandations aux Provinciaux des différents Missionnaires que nous avions rencontrés.

Septemb. 1743.

Nous crûmes en arrivant au *Para*, à la sortie des bois de l'*Amazone*, nous voir transportés en *Europe*. Nous trouvâmes une grande ville, des rues

Ville du Para.

* Ses titres sont : Excellentissimo Senhor Joan de Abreu e Castelbranco, Governador e Capitam general do Estado do Maranham.

bien alignées, des maisons riantes, la plûpart rebâties depuis trente ans en pierre & en moilon, des Eglises magnifiques.

Septemb. 1743.

Son Commerce.

Le commerce direct du *Para* avec *Lisbonne*, d'où il vient tous les ans une flotte marchande, donne aux gens aisés la facilité de se pourvoir de toutes leurs commodités. Ils reçoivent les marchandises d'*Europe* en échange des denrées du pays, qui sont, outre quelque or en poudre qu'on apporte de l'intérieur des terres du côté du *Brésil*, toutes les diverses productions utiles, tant des rivieres qui viennent se perdre dans l'*Amazone*, que des bords même de ce Fleuve, telles que l'écorce du bois de *Clou*, la Salsepareille, la Vanille, le Sucre, le Caffé, & sur-tout le Cacao, qui est la monnoie courante du pays, & qui fait la richesse des habitans.

Sa Latitude

La Latitude du *Para* n'avoit probablement jamais été observée à terre, & on m'assura en y arrivant que j'étois précisément sous la Ligne Equinoctiale. La Carte du P. *Fritz* place cette ville par un degré de Latitude Australe. J'ai trouvé par plusieurs observations qui s'accordent, 1 degré 28 minutes, ce qui ne diffère pas sensiblement de la Latitude de la Carte de *Laet*, qui n'a été suivie, que je sçache, par aucun des Géographes postérieurs. On trouve dans le nouveau Routier Portugais le *Para* par 1 deg. 40 m. Quant à sa Longitude, j'ai de quoi l'établir exactement par l'Eclipse de Lune que j'y observai le premier Nov. 1743. & par deux Immersions du premier Satellite de *Jupiter*, des 6. & 29. Déc. de la même année. En attendant les observations correspondantes en quelque lieu dont la Longitude soit connue, n'y en ayant point eu à *Paris*, j'ai jugé par le cal-

Septemb. 1743.

Sa Longitude.

Novemb. Decemb. 1743.

M ij

cul la différence du Méridien du *Para* à celui de *Paris* d'environ 3 heures 24 minutes à l'Occident. Je passe sous silence mes Observations sur la Déclinaison & l'Inclinaison de l'Aiguille Aimantée, & sur les marées qui sont assez irrégulieres au *Para*.

Expériences sur la Pesanteur. Une observation plus importante, & qui avoit un rapport immédiat à la Figure de la Terre, objet principal de notre voyage, étoit celle de la longueur du Pendule de tems moyen, ou plûtôt la différence de longueur de ce Pendule à *Quito* & au *Para* : l'une de ces deux villes étant au bord de la mer; l'autre 14 à 1500 toises au-dessus de son niveau; & toutes deux sous la Ligne Equinoctiale : car un degré & demi, n'est ici d'aucune conséquence. J'étois en état de déterminer cette différence par le moyen d'un Pendule invariable de 28 pouces de long, que je décrirai ailleurs, qui conserve ses oscillations sensiblement pendant plus de 24 heures, & avec lequel j'avois fait un grand nombre d'expériences à *Quito* & sur la montagne de *Pichincha*, 750 toises au-dessus du sol de *Quito*. Par le moyen résultat de neuf expériences faites au *Para*, dont les deux plus éloignées ne donnent que trois oscillations de différence, sur 98740, j'ai trouvé que mon Pendule faisoit au *Para* en 24 heures de tems moyen 31 ou 32 vibrations plus qu'à *Quito*, & 50 ou 51 vibrations plus qu'à *Pichincha*. Je conclus de ces expériences que sous l'Equateur deux corps dont l'un péseroit 1600 livres, & l'autre 1000 livres au niveau de la mer, étant transportés, le premier à 1450, le second à 2200 toises de hauteur, perdroient chacun plus d'une livre de leur poids ; à peu près comme il devroit arriver, si

Decemb. 1734.

Changemens dans la Pesanteur.

on faisoit les mêmes expériences sous le 22 & le 28ᵉ Paralléle, suivant la Table de M. *Newton* ; ou vers le 20 & 25ᵉ, à en juger par la comparaison des Expériences immédiates faites sous l'Equateur & en divers endroits d'*Europe*. Les nombres précédents ne sont qu'approchés, & je me réserve le droit d'y faire de légers changements, en y appliquant les équations convenables, lorsque je donnerai le détail de mes Expériences du Pendule.

Obstacles au départ du Para. Pendant mon séjour au *Para*, je fis aux environs quelques petits voyages en canot, & j'en profitai pour le détail de ma Carte. Je ne pouvois la terminer sans voir la vraie embouchure de l'*Amazone*, & sans suivre son bord Septentrional jusqu'au Cap de *Nord*, où finit son cours. Cette raison & plusieurs autres m'ayant déterminé à me rendre du *Para* à *Cayenne*, d'où je pouvois repasser droit en *France* sur le vaisseau du Roi, qu'on y attendoit; je ne profitai pas comme M. *Maldonado*, de l'occasion de la flotte Portugaise qui partit pour *Lisbonne* le 3. Décembre 1743. & je me vis retenu jusqu'à la fin du même mois au *Para*, moins par la menace qu'on me faisoit des vents contraires, qui regnent en cette saison, que par la difficulté de former un équipage de Rameurs; la petite vérole qui faisoit alors un grand ravage, ayant mis en fuite la plûpart des Indiens des villages circonvoisins.

Decemb. 1743.

On remarque au *Para* que cette maladie est encore plus funeste aux Indiens des Missions nouvellement tirées des bois, & qui vont nuds, qu'aux Indiens vêtus, qui sont nés ou qui habitent depuis long-tems parmi les Portugais. Les premiers, espéce d'animaux amphibies, aussi souvent dans l'eau que sur terre, endurcis depuis leur enfance aux injures

Petite Vérole mortelle aux Indiens.

de l'air, ont peut-être la peau plus compacte que celle des autres hommes; & on seroit porté à croire que cela seul peut rendre en eux l'éruption de la petite vérole plus difficile. L'habitude où sont ces mêmes Indiens de se frotter le corps de *Roucou*, de *Genipa*, & de diverses huiles grasses & épaisses, qui doivent à la longue obstruer les pores, contribue peut-être aussi à augmenter la difficulté; cette conjecture est confirmée par une autre remarque. Les esclaves Négres transportés d'*Afrique*, & qui ne sont pas dans le même usage, résistent mieux à ce mal que les Naturels du pays. Quoi qu'il en soit, un Indien Sauvage, nouvellement tiré des bois, attaqué naturellement de cette maladie, est pour l'ordinaire, un homme mort; mais pourquoi n'en est il pas de même de la petite vérole artificielle ? Il y a quinze ou seize ans qu'un Millionnaire Carme des environs du *Para* voyant tous fes Indiens mourir l'un après l'autre, & ayant appris par la lecture d'une Gazette le fecret de l'*Inoculation*, qui faifoit alors beaucoup de bruit en *Europe*, jugea prudemment qu'en ufant de ce reméde, il rendroit au moins douteufe une mort qui n'étoit que trop certaine, en n'employant que les remédes ordinaires. Un raifonnement auffi fimple n'avoit pû manquer de fe préfenter à tous ceux qui étoient capables de réflexion, & qui voyant le ravage de la maladie, entendoient parler des fuccès de la nouvelle opération ; mais ce Religieux fut le premier en *Amérique* qui eut le courage d'en venir à l'exécution. Il avoit déja perdu la moitié de fes Indiens ; beaucoup d'autres tomboient malades journellement : il ofa faire inférer la petite vérole à tous ceux qui n'en avoient

L'Inoculation les fauve tous.

pas encore été attaqués, & il n'en perdit plus un seul. Un autre Miſſionnaire de la riviere *Noire* ſuivit ſon exemple avec le même ſuccès.

Après des expériences ſi authentiques, on jugera ſans doute, que dans la contagion de 1743, qui cauſoit ma détention au *Para*, tous ceux qui avoient des eſclaves Indiens, uſerent d'une recette ſi ſalutaire pour ſe les conſerver. Je le croirois moi-même, ſi je n'avois été témoin du contraire : du moins on n'y penſoit pas encore lorſque je partis du *Para*. Il eſt vrai que la moitié des Indiens n'étoient pas encore morts.

Je m'embarquai le 29. Décembre, au *Para* pour *Cayenne*, dans un canot du Général, avec un équipages de vingt-deux rameurs & toutes les commodités que je pouvois déſirer, pourvû de rafraîchiſſements, & muni de recommandations pour les

RR. PP. Franciscains de la réforme de S. *Antoine*, qui ont leurs Missions dans l'isle de *Marajo* ou de *Joanes*, & qui devoient me fournir en passant chez eux un nouvel équipage d'Indiens, pour continuer ma route; Cependant le défaut de communication entre le *Para* & *Cayenne*, & divers contre-tems m'empêcherent de trouver un bon Pilote *pratique*, dans quatre villages de ces Peres où j'abordai les premiers jours de Janvier 1744. Privé de ce secours, & livré au peu d'expérience & à la timidité de mes rameurs Indiens, & surtout à celle du *Mamelus* * ou *Métis* Portugais qu'on m'avoit donné pour les commander en leur langue, & qui se persuada que j'étois aussi à ses ordres; je fus retenu deux mois, dans une route que je pouvois faire en moins de quinze jours; & ce retardement m'empê-

Decemb. 1743.

Janvier 1744.

* Mamelus est le nom qu'on donne au Brésil aux enfans des Portugais & des femmes Indiennes.

cha de pouvoir obferver à terre la Cométe qui parut en ce tems-là. Elle fe perdit dans les rayons du Soleil avant que je puffe être rendu à *Cayenne*.

<small>Janvier 1744.</small>

<small>Ifle de Joanes ou de Marayo.</small>

Quelques lieues au deffous du *Para*, je traverfai la bouche Orientale de l'*Amazone* ou le bras du *Para*, féparé de la vraie embouchure ou de la bouche Occidentale, par la grande ifle connue fous le nom de *Joanes*, & plus ordinairement au *Para*, fous le nom de *Marajo*.* Cette ifle occupe feule prefque tout l'efpace qui fépare les deux embouchures du Fleuve. Elle eft d'une figure irréguliere & a plus de 150 lieues de tour. Dans toutes les Cartes, on lui a fubftitué une multitude de petites ifles qui fembleroient placées au hazard fi elles ne paroiffoient copiées fur la Carte

* Les Indiens prononcent *Marayo*, & les Portugais *Marajo*. Il en eft de même de plufieurs autres noms Indiens.

du *Flambeau de la Mer*, remplie en cette partie de détails auſſi faux que circonſtanciés. Le bras du *Para*, à l'endroit où je le traverſai cinq ou ſix lieues au-deſſous de cette ville, a déja plus de trois lieues de large, & va en s'élargiſſant de plus en plus. Je cotoyai l'iſle en marchant au Nord, pendant trente lieues, juſqu'à ſa derniere pointe appellée *Maguari*, audelà de laquelle je tournai à l'Oueſt, en ſuivant toujours la côte de l'iſle qui court plus de quarante lieues ſans preſque s'écarter de la Ligne Equinoctiale. Je paſſai à la vûe de deux grandes iſles, que je laiſſai vers le Nord, l'une appellée *Machiana*, l'autre *Caviana*, aujourd'hui déſertes, anciennement habitées par la nation des *Arouas*, qui, quoique diſperſée a conſervé ſa langue particuliere. Le terrein de ces iſles, ainſi que celui d'une grande partie de celle de *Marajo*, eſt entierement noyé & presque inhabitable. Je quittai la côte de *Marajo*, à l'endroit où elle se replie vers le Sud, & je retombai dans le vrai lit ou le canal principal de l'*Amazone*, vis-à-vis du nouveau Fort de *Macapa*, situé sur le bord Occidental du Fleuve, & transporté par les Portugais deux lieues au Nord de l'ancien. Il ne seroit pas possible de traverser en cet endroit le Fleuve dans des canots ordinaires, si le canal n'étoit retréci par de petites isles, à l'abri desquelles on *navigue* avec plus de sûreté, en prenant son tems pour passer de l'une à l'autre. De la derniere isle à *Macapa*, il ne laisse pas d'y avoir encore plus de deux lieues. Dans ce dernier trajet, je repassai enfin & pour la derniere fois du Sud au Nord la Ligne Equinoctiale, dont je m'étois rapproché insensiblement depuis le lieu de mon embarquement. J'observai au nouveau Fort de *Ma-*

capa, ou plutôt sur le terrein destiné à bâtir le nouveau Fort, les 18. & 19. Janv. trois minutes de Latit. Septent.

Janvier 1744.

Le sol de *Macapa*, est élevé de deux à trois toises au-dessus du niveau de l'eau. Il n'y a que le bord du Fleuve qui soit couvert d'arbres, le dedans des terres est un pays uni, le premier que j'eusse rencontré de cette nature, depuis la Cordeliere de *Quito*. Les Indiens assurent qu'il continue ainsi en avançant du côté du Nord, & qu'on peut aller à cheval delà jusqu'aux sources de *l'Oyapoc*, par de grandes plaines découvertes, qui ne sont interrompues que par de petits bouquets de bois clair. Des environs des sources de l'*Oyapoc*, on voit du côté du Nord, les montagnes de l'*Aprouague*, qu'on apperçoit aussi très distinctement en Mer, à plusieurs lieues de distance de la Côte; & à plus forte raison les voit-on, des

Terrein propre à mesurer une Méridienne.

hauteurs voisines de *Cayenne*. Tout ceci supposé, il est clair qu'en partant de *Cayenne*, par 5 degrés de Latitude Nord, & marchant vers le Sud, on auroit pû mesurer commodément deux, trois & peut-être quatre degrés du Méridien, sans sortir des terres de *France*, & reconnoître, chemin faisant, cet intérieur des terres, qui ne l'a pas été jusqu'ici. Enfin si l'on eût voulu, on eût pû, avec des passeports de *Portugal*, pousser la mesure jusqu'au paralléle de *Macapa*; c'est-à-dire, jusqu'à l'Equateur même. L'exécution de ce projet eût été plus facile que je ne le croyois moi-même, lorsque je le proposai à l'Académie un an avant qu'il fût question du voyage de *Quito*, où l'on a cru trouver plus de facilité. Si mon idée eût été goûtée, il y a toute apparence que nous serions de retour depuis bien des années; mais ce n'étoit que

par

par l'inspection des lieux, qu'on pouvoit s'assurer que ce que je proposois, étoit praticable.

Janvier 1744.

Entre *Macapa* & le Cap de *Nord*, dans l'endroit où le grand canal du Fleuve se trouve le plus resserré par les isles, & sur-tout vis-à-vis de la grande bouche de l'*Arawary*, qui entre dans l'*Amazone* du côté du Nord, le flux de la Mer offre un phénoméne singulier. Pendant les trois jours les plus voisins des pleines & des nouvelles Lunes, tems des plus hautes marées, la Mer au lieu d'employer près de six heures à monter, parvient en une ou deux minutes à sa plus grande hauteur : on juge bien que cela ne peut se passer tranquillement. On entend d'une ou de deux lieues de distance, un bruit effrayant qui annonce la *Pororoca*. C'est le nom que les Indiens de ces cantons donnent à ce terrible *Flot*. A mesure qu'il approche, le bruit

Pororoca, phénoméne singulier des marées.

augmente, & bientôt l'on voit un promontoire d'eau de 12 à 15 pieds de haut, puis un autre, puis un troisiéme, & quelquefois un quatriéme, qui se suivent de près, & qui occupent toute la largeur du canal; cette lame avance avec une rapidité prodigieuse, brise & rase en courant tout ce qui lui résiste. J'ai vû en quelques endroits, un grand terrein emporté par la *Pororoca*, de très-gros arbres déracinés, des ravages de toutes sortes. Partout où elle passe, le rivage est net, comme s'il eût été balayé avec soin. Les canots, les Pirogues, les barques même n'ont d'autre moyen de se garantir de la fureur de cette *Barre*, (c'est le nom François qu'on lui donne à *Cayenne*,) qu'en mouillant dans un endroit où il y ait beaucoup de fond. Je n'entrerai pas ici dans un plus grand détail du fait, ni de son explication. Je ne ferai qu'en indiquer les causes, en disant qu'après l'avoir examiné avec attention en divers endroits, j'ai toujours remarqué que cela n'arrivoit que lorsque le *Flot* montant & engagé dans un canal étroit, rencontroit en son chemin un banc de sable, ou un haut fond qui lui faisoit obstacle ; que c'étoit là & non ailleurs que commençoit ce mouvement impétueux & irrégulier des eaux, & qu'il cessoit un peu au-delà du banc, quand le canal redevenoit profond, ou s'élargissoit considérablement. On dit qu'il arrive quelque chose d'assez semblable aux isles *Orcades*, au Nord de l'*Ecosse* & à l'entrée de la *Garonne* aux environs de *Bordeaux*, où l'on appelle cet effet des marées, le *Mascaret*.

La crainte du Chef de mes Indiens de ne pouvoir en cinq jours qui nous restoient, jusqu'aux grandes marées de la pleine Lune, gagner le cap de *Nord*, dont nous n'étions plus qu'à quinze lieues, & au-delà duquel nous pouvions trouver un abri, les fit résoudre, malgré mes représentations, à attendre neuf jours entiers, dans une isle déserte, que la pleine Lune fût bien passée. Nous nous rendîmes de là au cap de *Nord*, en moins de deux jours; le lendemain, jour du dernier quartier, & des plus petites marées, nous échouâmes sur un banc de vase, & la Mer en baissant se retira fort loin de nous. Le jour suivant, le flux ne parvint pas jusqu'au canot : enfin je restai là à sec près de sept jours, pendant lesquels mes rameurs, dont la fonction avoit cessé, n'avoient d'autre occupation que d'aller chercher fort loin de l'eau saumâtre, en s'enfonçant dans la vase jusqu'à la ceinture. Pour moi, j'eus tout le tems de répéter mes observations à la vûe du cap de *Nord*, & de

Janvier 1744.

Février 1744.
Le canot reste à sec pendant sept jours.

Cap de Nord, sa Latitude.

m'ennuyer de me trouver toujours
par 1 degré 51 minutes de Latitude
Septentrionale. Mon canot enchaffé
dans un limon durci, étoit devenu
un obfervatoire folide. Je trouvai la
variation de la Bouffole de 4 degrés
Nord-Eft, deux degrés & demi moindre qu'à *Pauxis* ; enfin j'eus auffi le
loifir, pendant une femaine entiere
de promener ma vûe de toutes parts,
fans appercevoir autre chofe que des
Mangliers, au lieu de ces hautes montagnes dont les pointes font repréfentées avec un grand détail, dans les defcriptions des côtes, jointes aux cartes
du *Flambeau de la Mer*, livre traduit en
toutes les langues, & qui en cette partie femble plutôt fait pour égarer,
que pour guider les navigateurs. Enfin
aux grandes marées de la nouvelle Lune fuivante, le commencement de cette même *Barre* fi redoutée nous remit
à flot, non fans danger, ayant enlevé

Février 1744.

Variation de l'aiguille aimantée.

Erreur dangereufe des Cartes.

Niij

le canot & l'ayant fait labourer dans la vase, avec plus de rapidité que je n'en avois éprouvé dans les courants du *Pongo*, au haut du Fleuve que je venois de parcourir, & dont je voyois enfin l'embouchure. Ma Carte du cours de l'*Amazone* finissoit là ; cependant je continuai de lever la côte & d'observer les Latitudes jusqu'à *Cayenne*.

Baye & riviere de Vincent Pinçon.

Quelques lieues à l'Ouest du *Banc des sept jours*, & par la même hauteur, je rencontrai une autre bouche de l'*Arawari*, aujourd'hui fermée par les sables. Cette bouche & le profond & large canal qui y conduit en venant du côté du Nord, entre le continent du cap de *Nord*, & les isles qui couvrent ce Cap, font la riviere & la Baye de *Vincent Pinçon*. Les Portugais du *Para* ont eu leurs raisons pour les confondre avec la riviere d'*Oyapoc*, dont l'embouchure sous le

Cap d'*Orange*, est par 4. degrés 15 minutes de Latitude Nord. L'article du traité d'*Utrecht* qui paroît ne faire de l'*Oyapoc*, & de la riviere de *Pinçon*, qu'une seule & même riviere, n'empêche pas qu'elles ne soient en effet à plus de 50 lieues l'une de l'autre. Ce fait ne sera contesté par aucun de ceux qui auront consulté les anciennes Cartes & lû les Auteurs originaux, qui ont écrit de l'*Amérique* avant l'établissement des Portugais au *Brésil*. J'observai au fort François d'*Oyapoc*, le 23. & 24. Février 3 degrés 55 min. de Latitude Nord; ce fort est situé à six lieues en remontant la riviere de même nom, sur le bord Septentrional.

Février 1744.

Enfin après deux mois de navigation par Mer, & même par terre, je parle sans exagération, puisque la Côte est si platte entre le Cap de *Nord* & l'isle de *Cayenne*, que le gouvernail

Arrivée à Cayenne.

Février 1744.

touchoit continuellement, ou plutôt ne cessoit pas de sillonner dans la vase, n'y ayant quelquefois pas un pied d'eau à demi-lieue au large ; j'arrivai du *Para* à *Cayenne*, le 26 Fév. 1744.

Expérience sur la pesanteur.

Personne n'ignore que ce fut en cette isle, que M. *Richer* de cette Académie fit en 1672 la découverte de l'inégalité de la pesanteur, sous les différents Parallèles, & que ses expériences ont été les premiers fondements des Théories de M. *Huygens* & de M. *Newton*, sur la figure de la Terre. Une des raisons qui m'avoit déterminé à venir à *Cayenne*, étoit l'utilité qu'il y auroit d'y répéter les mêmes expériences ; ausquelles nous étions fort exercés, & qui se font aujourd'hui avec bien plus d'exactitude qu'autrefois. J'apporte une régle d'acier, qui est, suivant mes observations, la mesure exacte de la longueur absolue du Pendule simple à *Cayenne* ;

mais j'attends une beaucoup plus grande précision de la comparaison du nombre d'oscillations que faisoit mon Pendule fixe à *Cayenne* en 24 heures, au nombre de ses vibrations en tems égal à *Paris*, aussi-tôt que je pourrai l'éprouver. Cette comparaison donnera fort exactement l'excès du Pendule à secondes de *Cayenne*, sur le Pendule à secondes de *Paris*, dont la longueur absolue déterminée par M. *de Mairan*, qui a renchéri sur tous ceux qui l'ont précédé dans cette recherche, peut à juste titre être réputée la véritable. On pourroit aussi prendre pour terme fixe la longueur du Pendule observée à *Quito*, par différentes méthodes, & avec différens instrumens sur laquelle MM. *Godin*, *Bouguer* & moi sommes d'accord, presque dans le centiéme de ligne. De quelque point que l'on parte, la différence du nombre d'oscillations en 24 heures du même Pendule, à *Quito*, au

Para & à *Paris*, tirée d'une longue suite d'expériences en chaque lieu, donnera la mesure absolue du Pendule Equinoctial au bord de la Mer, la plus propre de toutes à devenir d'un commun accord une *Mesure Universelle*. Eh! combien ne seroit-il pas à souhaiter qu'il y en eût une telle du moins entre les Mathématiciens! La diversité des langues, inconvénient qui durera encore bien des siécles, n'apporte-t'elle pas déja assez d'obstacles au progrès des sciences & des arts, par le défaut d'une suffisante communication entre les divers peuples, sans l'augmenter encore, pour ainsi dire, de propos délibéré, en affectant de se servir de différentes mesures & de différents poids, en chaque pays & en chaque lieu; tandis que la nature nous présente, dans la longueur du Pendule à secondes, sous l'Equateur, un modéle invariable, propre à fixer en tous lieux les poids & les mesu-

Février.
1744.
Modéle d'une mesure universelle.

res, & qui invite tous les Philosophes à l'adopter.

Mon premier soin en arrivant à *Cayenne*, fut de distribuer à diverses personnes des graines de *Quinquina*, qui n'avoient alors que huit mois, j'espérois par-là réparer la perte des jeunes plantes du même arbre, dont les dernieres, que mes précautions avoient jusques-là garanties des chaleurs & des accidents du voyage, venoient d'être enlevées par un coup de Mer, qui faillit à submerger mon canot sur le Cap d'*Orange*. Les semences n'ont point levé à *Cayenne*, & je n'osois guère m'en flatter, vû la délicatesse des graines qui avoient été exposées à de grandes chaleurs. Je n'ai pas encore eu de nouvelles de celles que j'ai fait remettre aux PP. Missionnaires Jésuites du haut de l'*Oyapoc*, dont le terrein de montagnes & le climat moins ardent est beaucoup plus res-

Février. 1744.

Graines de Quinquina.

semblant à celui de *Loxa*, où j'avois recueilli les graines.

Février.
1744.
Observations de Latitude & de Longitude.

J'ai observé à la ville de *Cayenne* la même Latitude que M. *Richer*, d'environ 5 deg. 56 min. vers le Nord. J'ai d'abord été surpris de trouver par quatre observations du premier Satellite de *Jupiter*, qui s'accordent entr'elles, la différence des Méridiens entre *Cayenne* & *Paris*, d'environ un degré moindre qu'elle n'est marquée dans le Livre de *la Connoissance des Tems*. Mais j'ai sçu depuis que M. *Richer* n'avoit fait aucune observation des Satellites de *Jupiter* à *Cayenne*, & que la Longitude de cette place n'avoit été déduite de ses autres observations que d'une maniere très-indirecte, & fort sujette à erreur. Un plus grand détail n'est propre que pour nos Assemblées particulieres, non plus que celui de mes Observations des marées, & de la Déclinaison & de des Amazones.

l'Inclinaison de l'Aiguille aimantée, faites dans le même lieu.

Ayant remarqué que de *Cayenne* on voyoit fort distinctement les montagnes de *Courou*, dont on estimoit la distance de dix lieues, je jugeai que ce lieu d'où l'on pourroit appercevoir le feu & entendre le bruit du canon du Fort de *Cayenne*, seroit propre à mesurer la vîtesse du son dans un climat si différent de celui de *Quito*, où nous en avions fait plusieurs expériences. M. *d'Orvilliers*, Commandant de la Place, voulut bien, non-seulement donner les ordres nécessaires, mais se fit un plaisir de partager avec moi le travail ; M. *Fresneau* Ingénieur du Roi se chargea des signaux d'avis, de mesurer de son côté la vîtesse du vent, & de plusieurs autres détails. De cinq expériences faites en deux jours différens, & dont quatre s'accordent dans la demi-seconde, sur

Février. 1744.

Expériences sur la vîtesse du Son.

un intervalle de 110 secondes de tems, la distance fut géométriquement conclue de 20230 toises, par une suite de triangles liés à une base de 1900 toises, actuellement mesurée deux fois, sur une plage unie : & le moyen résultat me donna pour la vîtesse du son, déduction faite de la vîtesse du vent, 183 toises & demie par seconde, au lieu de 175. que nous avions trouvé à *Quito*. La piéce de canon qui servit à ces expériences, étoit de douze livres de balle.

Remarques Topographiques.

Je tirai parti des angles que j'avois déja mesurés, & des distances connues, pour déterminer géométriquement la position de trente ou quarante points, tant dans l'isle de *Cayenne*, que dans le Continent & sur la Côte; entr'autres celle de quelques rochers, & particulierement de celui qu'on nomme le *Connétable*, qui sert de point de reconnoissance aux vais-

feaux. Je pris auſſi les angles d'élévation des Caps & des Montagnes
les plus apparentes. Leur hauteur
bien connue fourniroit aux Pilotes un
moyen beaucoup plus ſûr que celui
de l'eſtime, pour connoître à la vûe
des terres, ſans calcul, & à l'aide
d'une ſimple Table, la diſtance où ils
ſont d'une Côte. On ne ſçait que trop
combien il importe de le ſçavoir
exactement dans les aterrages. Ce
n'eſt pas le ſeul ſecours que la Géo-
métrie offre aux Marins, & dont ils
ont négligé juſqu'ici de faire uſage.

Février 1744.

Hauteur des monta-gnes & des Caps, utile à connoître aux Marins.

Dans une autre tournée que je fis
encore avec M. d'*Orvilliers* hors de
l'iſle, en remontant quelques rivieres
du Continent, nous meſurâmes leurs
détours par routes & diſtances, &
j'obſervai quelques Latitudes; ce ſont
autant de matériaux, qui, avec les
principaux points que j'avois déja
déterminés, pourront ſervir à faire

Projet de Carte des environs de Cayenne.

une Carte exacte de cette Colonie, dont nous n'avons jusqu'ici aucune qui mérite ce nom.

Expériences sur les fléches empoisonnées.

Pendant mon séjour à *Cayenne* j'eus la curiosité d'essayer si le venin des fléches empoisonnées, que je gardois depuis plus d'un an, conserveroit encore son activité, & en même tems si le sucre étoit effectivement un contre-poison aussi efficace qu'on me l'avoit assûré. L'une & l'autre expérience furent faites en présence du Commandant de la Colonie, de plusieurs Officiers de la garnison & du Médecin du Roi. Une poule légérement blessée, en lui soufflant avec une sarbacane une petite fléche dont la pointe étoit enduite du venin il y avoit au moins treize mois, a vécu un demi quart-d'heure; une autre piquée dans l'aîle avec une de ces mêmes fléches, nouvellement trempée dans le venin délayé avec de l'eau,

& sur le champ retirée de la plaie, parut s'assoupir une minute après; bientôt les convulsions suivirent, & quoiqu'on lui fit alors avaler du sucre, elle expira. Une troisiéme piquée avec la même fléche retrempée dans le poison, ayant été secourue à l'instant avec le même reméde, ne donna aucun signe d'incommodité. J'ai refait les mêmes expériences à *Leyden* en présence de plusieurs * célébres Professeurs de la même Université, le 23. Janvier de cette année. Le poison dont la violence a dû être rallentie par le long tems & par le froid, n'a fait son effet qu'après cinq ou six minutes; mais le sucre a été donné sans succès. La poule qui l'avoit avalé, a seulement paru vivre un peu plus long-tems que l'autre. L'expérience ne fut pas répétée. Ce poison est un extrait fait par le moyen du

* MM. Mussenbroek, Vansvieten, Albinus.

feu, des sucs de diverses plantes, & particulierement de certaines Lianes. On assûre qu'il entre plus de trente sortes d'herbes ou de racines dans le venin fait chez les *Ticunas*, qui est celui dont j'ai fait l'épreuve, & qui est le plus estimé entre les diverses espéces connues le long de la riviere des *Amazones*. Les Indiens le composent toujours de la même maniere, & suivent à la lettre le procédé qu'ils ont reçû de leurs ancêtres, aussi scrupuleusement que les Pharmaciens parmi nous procédent dans la composition de la Thériaque *d'Andromachus*, sans obmettre le moindre ingrédient prescrit; quoique probablement cette grande multiplicité ne soit pas plus nécessaire dans le poison Indien, que dans l'antidote d'*Europe*.

Remarque. On sera sans doute surpris que chez des gens qui ont à leur disposition un instrument si sûr & si prompt, pour

des Amazones.

Juillet 1744.

satisfaire leurs haines, leurs jalousies & leurs vengeances, un poison aussi subtil ne soit funeste qu'aux singes & aux oiseaux des bois. Il est encore plus étonnant qu'un Missionnaire toujours craint & quelquefois haï de ses *Néophytes,* envers lesquels son ministère ne lui permet pas d'avoir toutes les complaisances qu'ils voudroient exiger de lui, vive parmi eux sans crainte & sans défiance. Ce n'est pas tout : ces gens si peu dangereux, sont des hommes sauvages, & le plus souvent sans aucune idée de Religion.

Polypes de Mer.

Ayant appris à *Cayenne* le fait merveilleux & toujours nouveau de la multiplication des *Polypes,* découvert par M. *Trembley,* & depuis confirmé par les expériences de MM. *de Réaumur, de Jussieu,* & d'un grand nombre de Physiciens, je fis quelques épreuves sur de grands *Polypes* de Mer fort communs sur cette côte.

Mes premieres tentatives ne me réuſſirent pas, & ma maladie m'empêcha de les répéter, comme je me le propoſois.

Retardement à Cayenne.

Près de cinq mois d'attente à *Cayenne*, ſans voir arriver le vaiſſeau du Roi qu'on attendoit, & ſans y recevoir de nouvelles de *France*, dont j'étois privé depuis cinq ans, avoient fait ſur moi plus d'impreſſion, que neuf années de voyage & de fatigues. Je fus attaqué d'une maladie de langueur, & d'une jauniſſe dont le remède le plus efficace pour moi, fut la réponſe extrêmement polie que je reçûs de M. *Mauricius*, Gouverneur de la Colonie Hollandoiſe de *Surinam*; il m'offroit ſa maiſon à *Surinam*, le choix d'un embarquement pour la *Hollande*, & un paſſeport même en cas de rupture entre la *France* & les *Etats Généraux*. Je ne perdis pas un moment, & après un ſéjour de ſix mois à *Cayenne*,

Départ de Cayenne pour Surinam.

J'en partis convalefcent le 22 Août 1744, fur le canot du Roi, que M. d'*Orvilliers* voulut bien me donner pour me conduire à *Surinam*, avec un Sergent de la garnifon pour guide, qui ne commandoit qu'aux rameurs. Auffi ce voyage fut-il plus court, que celui du *Para* à *Cayenne*: je n'arrêtai en chemin que le tems néceffaire pour rendre complet l'équipage d'Indiens. Le P. Miffionnaire de *Senamary*, m'en procura le plus grand nombre, malgré la terreur panique d'une contagion imaginaire à *Surinam*, dont le faux bruit s'étoit répandu parmi eux. En déduifant le tems des féjours volontaires & forcés, je fis en foixante & quelques heures le trajet de *Cayenne* à la riviere de *Surinam*, où j'entrai le 27.

Le 28. je remontai la riviere pendant cinq lieues & je me rendis à *Paramaribo*, capitale de la Colonie Hol-

Août 1744.

Arrivée à Paramaribo.

landoise de *Surinam*, dont le Gouverneur enchérit par les effets, sur ses offres obligeantes. J'y observai la Latitude de 5 degrés 49 minutes Septentrionale, & j'y fis quelques autres observations pendant les cinq jours que j'y séjournai ; je m'embarquai le 3 de Septembre, sur un vaisseau marchand, qui partoit pour *Amsterdam*.

Le 29. le mauvais tems me dispensa de manifester mon passeport à un Corsaire Anglois, qui l'auroit apparemment peu respecté, puisque sous pavillon Hollandois, il nous lâcha de prime abord toute sa bordée à boulet, pour nous faire mettre notre chaloupe à la Mer.

Le 6 Novembre à l'entrée de la *Manche*, & par un aussi gros tems, un Corsaire de *S. Malo* nous fit la même proposition, mais plus poliment ; & s'étant approché à portée de la voix, il se contenta enfin de l'assurance que je lui donnai, en me faisant connoître, qu'il perdoit son tems avec nous. Nous embarquâmes le 16 à l'entrée du *Texel*, un Pilote Côtier pour nous conduire dans le Port; mais obligés de fuir la terre que nous cherchions, nous errâmes pendant les quinze jours les plus courts de l'année & par des Brouillards continuels, toujours la sonde à la main, dans une Mer remplie de bas fonds & d'écueils. Nous vîmes une nuit les feux de *Scheveling*, qui ne s'apperçoivent guère impunément; nous reconnûmes enfin la Terre de *Vlie-land*, tandis que nos Pilotes se jugeoient par leur estime à la vûe du *Texel*. Le 30 Novembre au soir, je débarquai à *Amsterdam*, où j'ai séjourné & à la *Haye* plus de deux mois, en attendant les passeports qui m'étoient nécessaires pour traverser avec sûreté les *Pays-Bas*. Je suis redevable de ceux d'*Angleterre*,

Novemb. 1744.

Danger.

Débarquement.

Décemb. 1744. *Janvier* 1745.

216 *Voyage de la Riviere, &c.*

Janvier 1745.

Février 1745.

Arrivée à Paris.

à la politesse de M. *Trevor*, Ministre de cette Couronne, qui les accorda sans difficulté à M. l'*Abbé de la Ville*, Ministre de *France*; & j'ai dû ceux du Ministre de la Reine de *Hongrie*, aux soins officieux de M. le Comte *de Bentink*. Enfin le 23. Février de cette année 1745. je suis arrivé à *Paris*, près de dix ans après en être parti.   FIN.

FAUTES A CORRIGER.

Page 35 ligne 21 *Chuehunga*, lisez *Chuchunga*.
pag. 49 lig. 11 Creois, lis. Creoles.
pag. 52 au commencement, lis. en marge *Caractere des Indiens*.
Ibid. lig. 18 livran, lis. livrant.
pag. 56 lig. 21, ôtez le point interrogant, & mettez un point & virgule.
pag. 56 lig. 22 *Omogua*, lis. *Omagua*.
pag. 57 lig. 7 ôtez le point interrogant, & mettez un point.
pag. 64. lig. 12 permis, lis. permise.
pag. 80 lig. 7 du 1 Août lis. du 31 au 1 Août.
pag. 87 lig. 9 rencontre, lis. rencontrent.
pag. 96 lig. 15 ce nom, en remontant, lis. ce nom en remontant.
pag. 110. lig. 3. subsistter, lis. subsister.
pag. 130 lig. 13. ont pû, lis. n'ont pû.
pag. 156. lig. 5. Caienne, lis. Cayenne.
Ibid. lig. 6. Guyane, lis. Guiane.

PRIVILEGE DU ROI.

LOUIS, par la grace de Dieu, Roi de France & de Navarre : A nos amés & féaux Conseillers, les Gens tenans nos Cours de Parlement, Maîtres des Requêtes ordinaires de notre Hôtel, grand Conseil, Prevôt de Paris, Baillifs, Sénéchaux, leurs Lieutenans Civils, & autres nos Justiciers, qu'il appartiendra, SALUT. Notre ACADEMIE ROYALE DES SCIENCES Nous a très-humblement fait exposer, que depuis qu'il Nous a plû lui donner par un Réglement nouveau de nouvelles marques de notre affection, Elle s'est appliquée avec plus de soin à cultiver les Sciences, qui sont l'objet de ses exercices ; ensorte qu'outre les Ouvrages qu'elle a déja donnés au Public, Elle seroit en état d'en produire encore d'autres, s'il Nous plaisoit lui accorder de nouvelles Lettres de Privilége, attendu que celles que Nous lui avons accordées en date du six Avril 1693. n'ayant point eû de tems limité, ont été déclarées nulles par un Arrêt de notre Conseil d'Etat du 13. Août 1704. celles de 1713. & celles de 1717. étant aussi expirées ; & désirant donner à notredite Académie en corps, & en particulier à chacun de ceux qui la composent, toutes les facilités & les moyens qui peuvent contribuer à rendre leurs travaux utiles au Public, Nous avons permis & permettons par ces présentes à notredite Académie, de faire vendre ou débiter dans tous les lieux de notre obéissance, par tel Imprimeur ou Libraire qu'elle voudra choisir, *Toutes les Recherches ou Observations journalieres, ou Relations annuelles de tout ce qui au-*

ra été fait dans les assemblées de notredite Académie Royale des Sciences ; comme aussi les Ouvrages, Mémoires, ou Traités de chacun des Particuliers qui la composent, & généralement tout ce que ladite Académie voudra faire paroître, après avoir fait examiner lesdits Ouvrages, & jugé qu'ils sont dignes de l'impression; & ce pendant le tems & espace de quinze années consécutives, à compter du jour de la date desdites Présentes. Faisons défenses à toutes sortes de personnes de quelque qualité & condition qu'elles soient, d'en introduire d'impression étrangére dans aucun lieu de notre obéissance : comme aussi à tous Imprimeurs Libraires, & autres, d'imprimer, faire imprimer, vendre, faire vendre, débiter ni contrefaire aucun desdits Ouvrages ci-dessus spécifiés, en tout ni en partie, ni d'en faire aucuns extraits, sous quelque prétexte que ce soit, d'augmentation, correction, changement de titre, feuilles même séparées, ou autrement, sans la permission expresse & par écrit de notredite Académie, ou de ceux qui auront droit d'Elle, & ses ayans cause, à peine de confiscation des Exemplaires contrefaits, de dix mille livres d'amende contre chacun des Contrevenans, dont un tiers à Nous, un tiers à l'Hôtel-Dieu de Paris, l'autre tiers au Dénonciateur, & de tous dépens, dommages & intérêts : à la charge que ces Présentes seront enregistrées tout au long sur le Registre de la Communauté des Imprimeurs & Libraires de Paris, dans trois mois de la date d'icelles; que l'impression desdits Ouvrages sera faite dans notre Royaume & non ailleurs, & que notredite Académie, se conformera en tout aux Réglemens de la Librairie, & notamment à celui du 10 Avril 1725. & qu'avant que de les exposer en vente, les Manuscrits ou Imprimés qui auront servi de copie à l'impression desdits Ouvrages, seront remis dans le même état, avec les Approbations & Certificats qui en auront été donnés, ès mains de notre très-cher & féal Chevalier Garde des Sceaux de France, le sieur Chauvelin: & qu'il en sera ensuite remis deux Exemplaires de chacun dans notre Bibliothéque publique, un dans celle de notre Château du Louvre, & un dans celle de notre très-cher & féal Chevalier Garde des Sceaux de France, le sieur Chauvelin, le tout à peine de nullité des Présentes: du contenu desquelles vous mandons & enjoignons de faire jouir notredite Académie, ou ceux qui auront droit d'Elle & ses ayans cause, pleinement & paisiblement, sans souffrir qu'il leur soit fait aucun trouble ou empêchement: Voulons que la Copie desdites Présentes qui sera imprimée tout au long au commencement ou à la fin desdits Ouvrages, soit tenue pour duement signifiée, & qu'aux Copies collationnées par l'un de nos amés & feaux Conseillers & Secrétaires, foi soit ajoutée comme à l'Original: Commandons au premier notre Huissier, ou Sergent de faire pour l'exécution d'icelles tous actes requis & nécessaires, sans demander autre permission, & nonobstant clameur de Haro, Charte Normande, & Lettres à ce contraires: Car tel est notre plaisir. Donné à Fontainebleau le douzième jour du mois de Novembre, l'an de grace mil sept cent trente-quatre, & de notre Regne le vingtiéme. Par le Roi en son Conseil. *Signé*, SAINSON.

Registré sur le Registre VIII. de la Chambre Royale & Syndicale des Libraires & Imprimeurs de Paris. Num. 792. fol. 275. conformément aux Réglemens de 1723. qui font défenses, art. IV. à toutes personnes de quelque qualité & condition qu'elles soient, autres que les Libraires & Imprimeurs, de vendre, débiter & faire distribuer aucuns Livres pour les vendre en leurs noms, soit qu'ils s'en disent les Auteurs ou autrement ; à la charge de fournir les Exemplaires prescrits par l'art. CVIII. du même Réglement. A Paris le 15. Novembre 1734.

G. MARTIN, Syndic.

www.ingramcontent.com/pod-product-compliance
Lightning Source LLC
Chambersburg PA
CBHW070637170426
43200CB00010B/2051